CONTEÚDO DIGITAL PARA ALUNOS

Cadastre-se e transforme seus estudos em uma experiência única de aprendizado:

1 Escaneie o QR Code para acessar a página de cadastro.

2 Complete-a com seus dados pessoais e as informações de sua escola.

3 Adicione ao cadastro o código do aluno, que garante a exclusividade de acesso.

1151643A1121629

CB029632

Agora, acesse:

www.editoradobrasil.c e aprenda de forma inovadora e diferente! :D

Lembre-se de que esse código, pessoal e intransferível, é valido por um ano. Guarde-o com cuidado, pois é a única maneira de você utilizar os conteúdos da plataforma.

Editora
do Brasil

Mitanga

1

EDUCAÇÃO
INFANTIL

MATEMÁTICA

JOSIANE SANSON

MEIRY MOSTACHIO

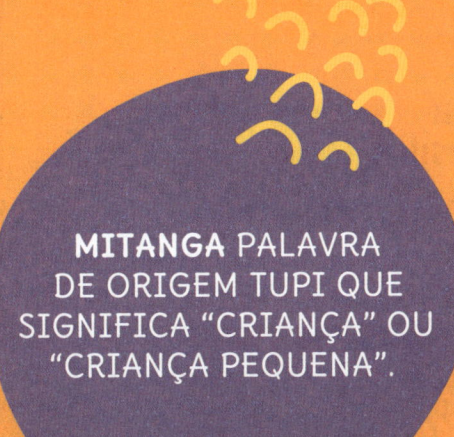

MITANGA PALAVRA
DE ORIGEM TUPI QUE
SIGNIFICA "CRIANÇA" OU
"CRIANÇA PEQUENA".

1ª EDIÇÃO
SÃO PAULO, 2020

Editora
do Brasil

Dados Internacionais de Catalogação na Publicação (CIP)
(Câmara Brasileira do Livro, SP, Brasil)

Sanson, Josiane
    Mitanga matemática : educação infantil 1 / Josiane Sanson, Meiry Mostachio. -- São Paulo : Editora do Brasil, 2020. -- (Mitanga)

    ISBN 978-85-10-08112-2 (aluno)
    ISBN 978-85-10-08113-9 (professor)

    1. Matemática (Educação infantil) I. Mostachio, Meiry. II. Título. III. Série.

20-34500   CDD-372.21

Índices para catálogo sistemático:
1. Matemática : Educação infantil 372.21
Cibele Maria Dias - Bibliotecária - CRB-8/9427

Direção-geral: Vicente Tortamano Avanso

Direção editorial: Felipe Ramos Poletti
Gerência editorial: Erika Caldin
Supervisão de arte: Andrea Melo
Supervisão de editoração: Abdonildo José de Lima Santos
Supervisão de revisão: Dora Helena Feres
Supervisão de iconografia: Léo Burgos
Supervisão de digital: Ethel Shuña Queiroz
Supervisão de controle de processos editoriais: Roseli Said
Supervisão de direitos autorais: Marilisa Bertolone Mendes

Supervisão editorial: Carla Felix Lopes
Edição: Jamila Nascimento e Monika Kratzer
Assistência editorial: Beatriz Pineiro Villanueva
Auxílio editorial: Marcos Vasconcelos
Especialista em copidesque e revisão: Elaine Silva
Copidesque: Gisélia Costa, Ricardo Liberal e Sylmara Beletti
Revisão: Alexandra Resende, Andreia Andrade, Fernanda Sanchez, Flávia Gonçalves, Gabriel Ornelas, Mariana Paixão, Martin Gonçalves e Rosani Andreani

Pesquisa iconográfica: Tatiana Lubarino
Assistência de arte: Carla Del Matto
Design gráfico: Gris Viana/Estúdio Chaleira
Capa: Obá Editorial
Edição de arte: Paula Coelho
Imagem de capa: Luna Vicente
Ilustrações: Alexandre Matos, André Valle, Estúdio Kiwi, Hélio Senatore, Henrique Brum, Luiz Lentini, Marcos de Mello, Paula Kranz, Rodrigo Arraya
Editoração eletrônica: NPublic/Formato Editoração
Licenciamentos de textos: Cinthya Utiyama, Jennifer Xavier, Paula Harue Tozaki e Renata Garbellini
Controle de processos editoriais: Bruna Alves, Carlos Nunes, Rita Poliane, Terezinha de Fátima Oliveira e Valéria Alves

1ª edição / 1ª impressão, 2020
Impresso na Ricargraf Gráfica e Editora Ltda.

Editora do Brasil

Rua Conselheiro Nébias, 887
São Paulo, SP – CEP 01203-001
Fone: +55 11 3226-0211
www.editoradobrasil.com.br

abdr
ASSOCIAÇÃO BRASILEIRA DOS DIREITOS REPROGRÁFICOS
Respeite o direito autoral

A VOCÊ, CRIANÇA!

Preparamos esta nova edição da coleção com muito carinho para você, criança curiosa e que adora fazer novas descobertas! Com ela, você vai investigar, interagir, brincar, aprender, ensinar, escrever, pintar, desenhar e compartilhar experiências e vivências.

Você é nosso personagem principal! Com esta nova coleção, você vai participar de diferentes situações, refletir sobre diversos assuntos, propor soluções, emitir opiniões e, assim, aprender muito mais de um jeito dinâmico e vivo.

Esperamos que as atividades propostas em cada página possibilitem a você muita descoberta e diversão, inventando novos modos de imaginar, criar e brincar, pois acreditamos que a transformação do futuro está em suas mãos.

A boa infância tem hora para começar, mas não para acabar. O que se aprende nela se leva para a vida toda.

As autoras.

CURRÍCULO DAS AUTORAS

JOSIANE MARIA DE SOUZA SANSON

- ▼ Formada em Pedagogia
- ▼ Especialista em Educação Infantil
- ▼ Pós-graduada em Práticas Interdisciplinares na Escola e no Magistério Superior
- ▼ Pós-graduada em Administração Escolar
- ▼ Experiência no magistério desde 1982
- ▼ Professora das redes municipal e particular de ensino
- ▼ Autora de livros didáticos de Educação Infantil

ROSIMEIRY MOSTACHIO

- ▼ Formada em Pedagogia com habilitação em Orientação Escolar
- ▼ Pós-graduada em Psicopedagogia
- ▼ Mestre em Educação
- ▼ Experiência no magistério desde 1983
- ▼ Professora das redes estadual e particular de ensino
- ▼ Ministrante de cursos e palestras para pedagogos e professores
- ▼ Autora de livros didáticos de Educação Infantil e Ensino Fundamental

SUMÁRIO

TODO DIA TEM MATEMÁTICA

Destaque as fotografias das páginas 145 e 147 do encarte e cole-as nos quadros.

- O que você vê nas fotografias?
- O que as pessoas estão fazendo?
- Quais números você identifica nas cenas?

Circule com canetinha hidrocor **vermelha** os números que você encontrar.

ALEXANDRE MATTOS

CADÊ OS NÚMEROS?

▼ Em quais situações de seu dia você percebe os números?

Converse com os colegas e o professor. Depois, desenhe no quadro uma dessas situações e escreva, da maneira que souber, os números que você conhece. Use canetinha hidrocor ou lápis de cor.

PÉ DE PATO,
PÉ DE PINTO.
PEÇO AGORA
QUE CONTE ATÉ CINCO:
1, 2, 3, 4, 5.

PARLENDA.

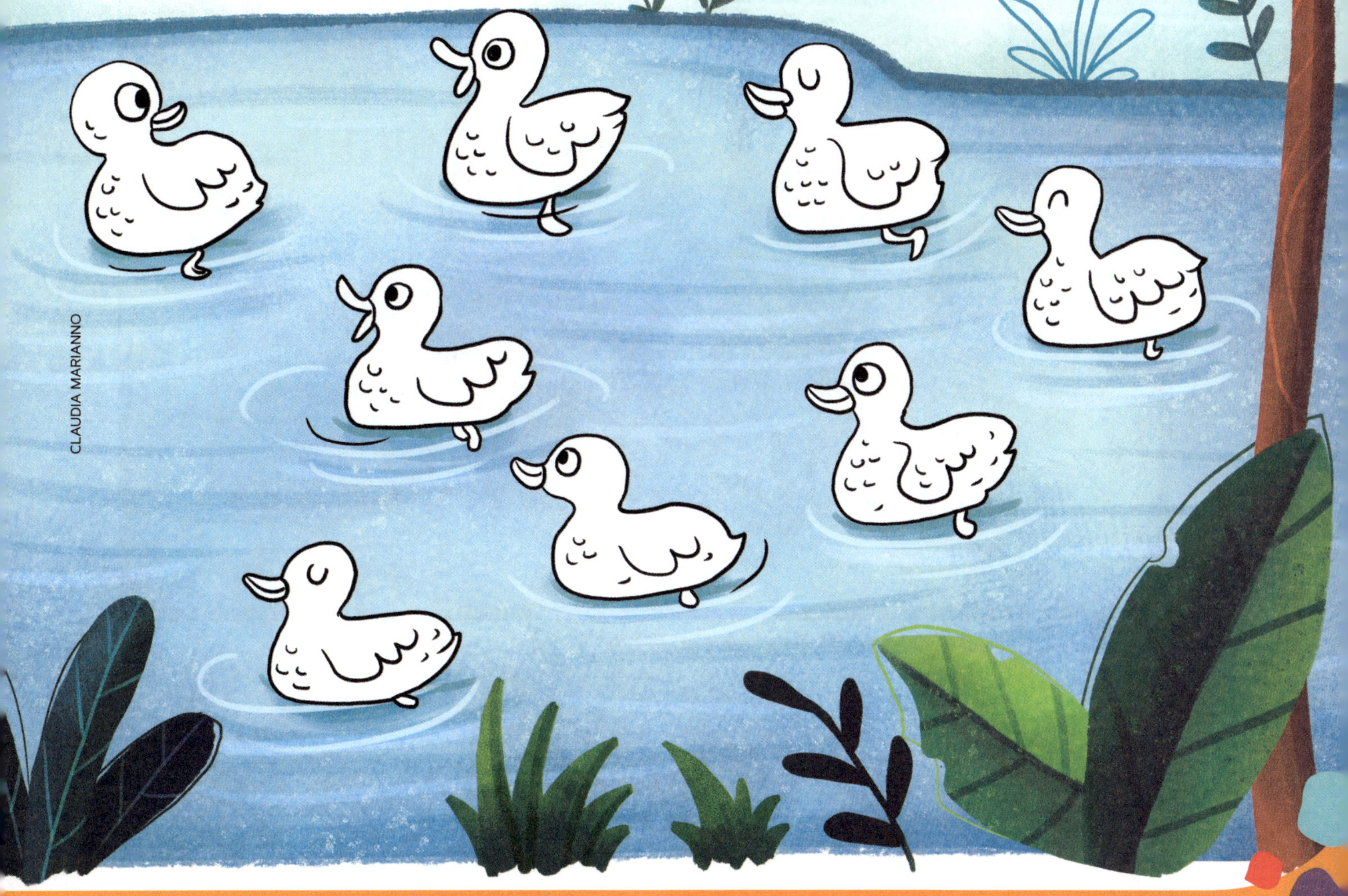

CLAUDIA MARIANNO

Ouça a parlenda que o professor lerá, conte até **5** e imite o som e os movimentos do pato.

Depois, pinte os patinhos que estão no lago e, usando canetinha hidrocor, circule **5** deles.

▼ Quantos patinhos ficaram sem circular?

MUITAS CASAS

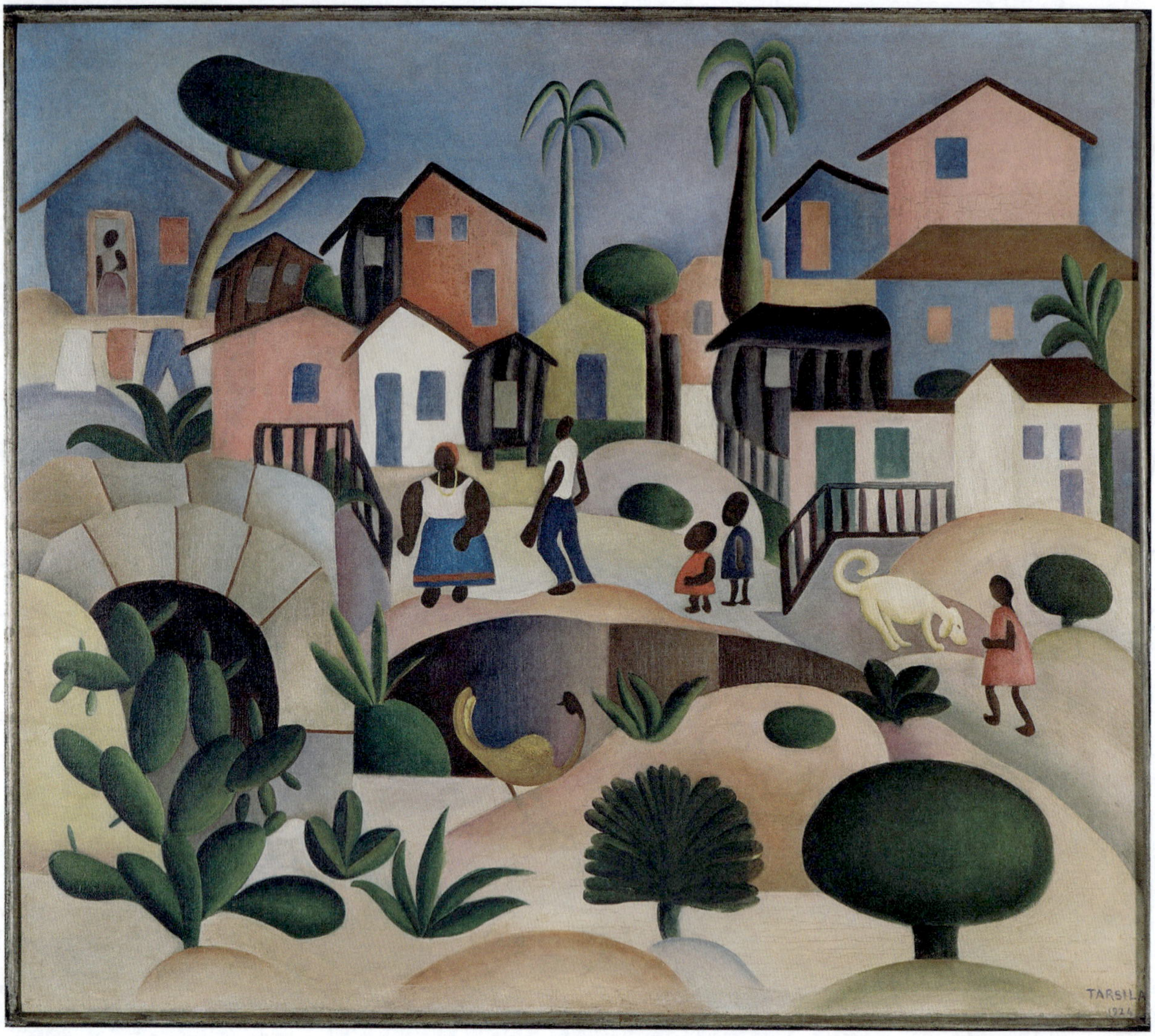

ROMULO FIALDINI/TEMPO COMPOSTO

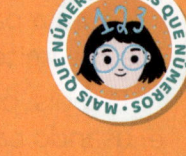

TARSILA DO AMARAL. **MORRO DA FAVELA**, 1924. ÓLEO SOBRE TELA, 64,5 CM × 76 CM.

- O que você identifica na obra da pintora Tarsila do Amaral?
- As casas são todas iguais? São da mesma cor?

Com canetinha hidrocor, circule apenas as casas **azuis**. Depois, conte e registre no quadro, com risquinhos, a quantidade de casas que você circulou.

MAIS QUE NÚMEROS

TAREFA PARA CASA 1

UMA CASA, VÁRIAS FORMAS

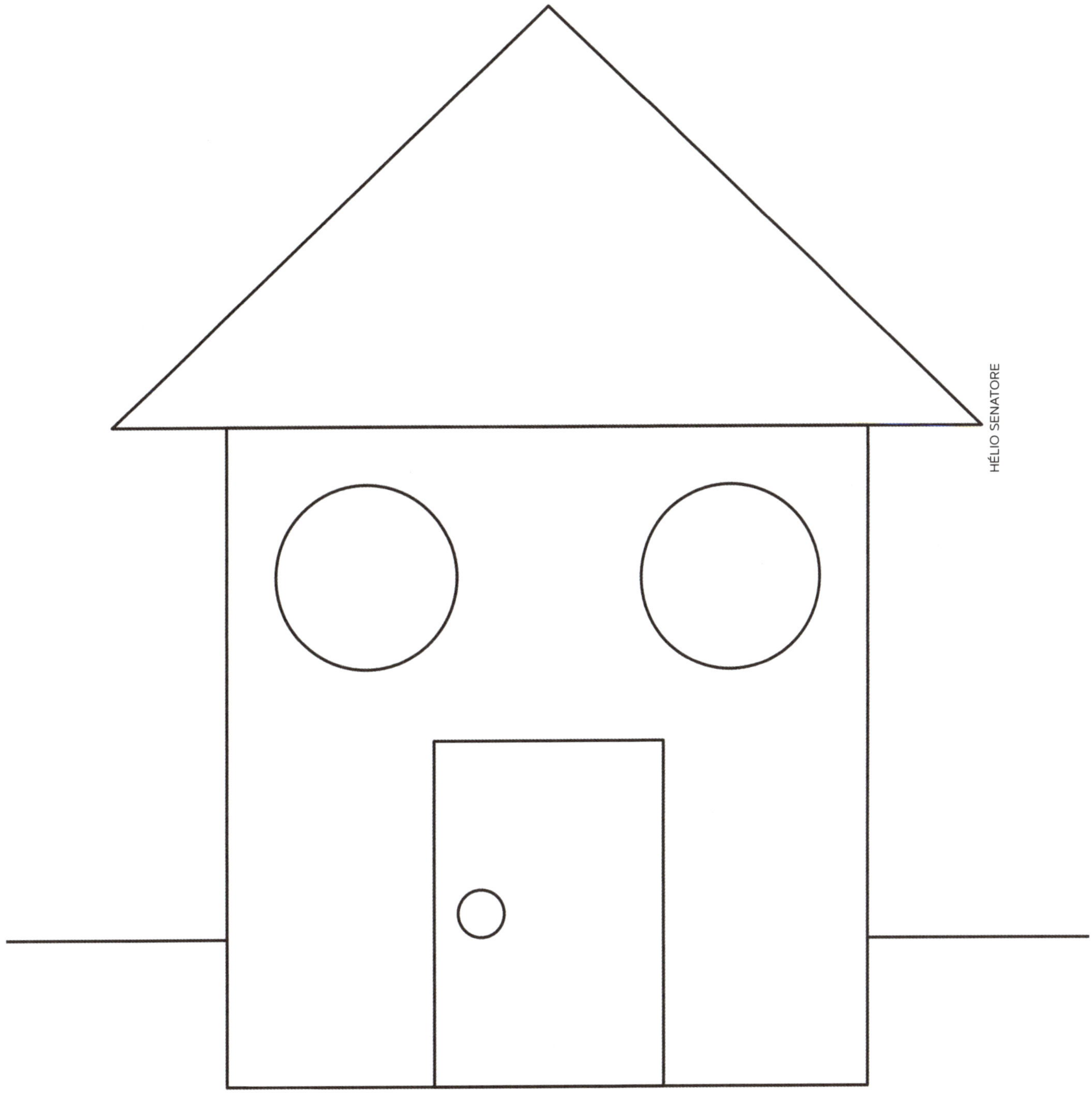

HÉLIO SENATORE

▼ Você reconhece formas geométricas no desenho? Sabe dizer o nome delas?

▼ O que as formas geométricas representam nessa imagem?

Com tinta guache e pincel, pinte a casa com suas cores preferidas. Use a mesma cor nas figuras iguais.

▼ Quais cores você usou para pintar a casa?

▶ VAMOS CANTAR E CONTAR!

INDIOZINHOS

1, 2, 3 INDIOZINHOS,
4, 5, 6 INDIOZINHOS,
7, 8, 9 INDIOZINHOS,
10 NUM PEQUENO BOTE.

VINHAM NAVEGANDO PELO RIO ABAIXO,
QUANDO UM JACARÉ SE APROXIMOU.
E O PEQUENO BOTE DOS INDIOZINHOS
QUASE, QUASE VIROU.

CANTIGA.

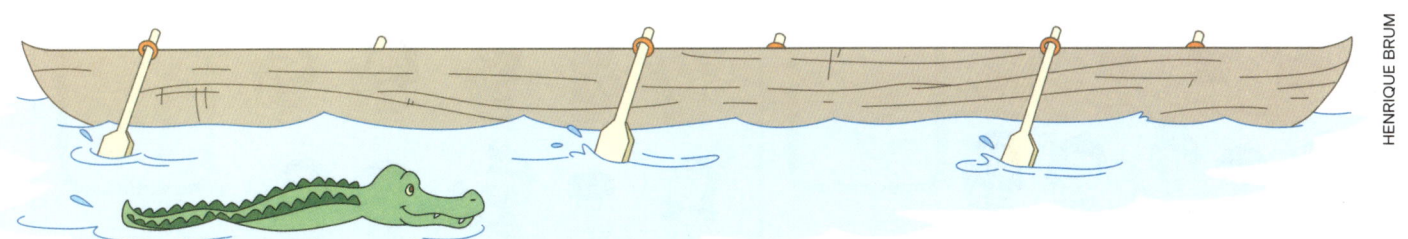

HENRIQUE BRUM

Cante a cantiga com os colegas e o professor.

▼ Onde os indiozinhos estavam?

▼ Que animal se aproximou deles?

▼ Quantos indiozinhos navegavam no bote?

Destaque os indiozinhos da página 149 do encarte e cole-os no bote. Depois, conte quantos você colou.

DEZ INDIOZINHOS

HENRIQUE BRUM

	1		2		3
	4		5		6
	7		8		
	9		10		

▼ Vamos contar os indiozinhos para descobrir os números de **1** a **10**?

Destaque os números da página 149 do encarte, cole-os nos lugares correspondentes e descubra o número que representa a quantidade de indiozinhos que estavam no bote.

Destaque também a página 169 do encarte e cubra o número **1** com cola colorida. Depois, cole **1** bolinha de papel crepom na página para representar essa quantidade.

QUANTOS ANOS VOCÊ TEM?

ILUSTRAÇÕES: HÉLIO SENATORE

▼ Qual desses bolos poderia ser seu?

Conte as velas dos bolos e circule aquele que tem a quantidade de velas correspondente a sua idade.

▼ Do que você mais gosta nas festas de aniversário?

▶ MEUS NÚMEROS

1. QUE NÚMERO VOCÊ CALÇA?

FOTOSV/SHUTTERSTOCK.COM

3. QUAL É A SUA ALTURA?

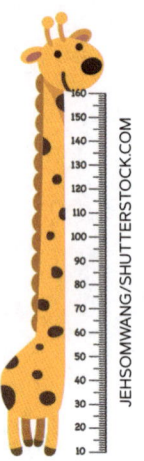

JEHSOMWANG/SHUTTERSTOCK.COM

2. QUAL É O NÚMERO DE SUA ROUPA?

RUSLAN KUDRIN/SHUTTERSTOCK.COM

4. QUAL É O SEU PESO?

BENNYARTIST/SHUTTERSTOCK.COM

▼ Em quais situações precisamos usar números?

Ouça as perguntas do professor e responda-as escrevendo os números nas linhas, da maneira que souber.

MAIS QUE NÚMEROS · MAIS QUE NÚMEROS · MAIS QUE NÚMEROS

▶ NÚMEROS PARA CONTAR MUITAS COISAS

MARINA BAIRD FERREIRA. **O AURÉLIO COM A TURMA DA MÔNICA**. RIO DE JANEIRO: NOVA FRONTEIRA, 2003. P. 127.

1. QUANTOS ANOS MAGALI TEM?

2. QUANTOS ANOS MAGALI FARÁ?

3. QUANTOS IRMÃOS A AMIGA DE TITI TEM?

4. QUANTAS QUADRAS FALTAM PARA MARINA E DO CONTRA CHEGAREM AO DESTINO DELES?

Leia a tirinha com a ajuda do professor. Depois, desenhe bolinhas e escreva os números nos quadros para responder às questões.

▼ Que números você escreveu?

▶ O QUE É, O QUE É?

> NÃO É CARRETEL,
> MAS VIVE DANDO LINHA.
>
> ADIVINHA.

> FOI FEITO PARA FALAR,
> MAS NÃO FALA.
>
> ADIVINHA.

ILUSTRAÇÕES: LUIZ LENTINI

Com a ajuda do professor, leia as adivinhas e pinte apenas a imagem da resposta correta. Dica: as duas adivinhas têm a mesma resposta.

Depois, destaque a imagem da página 161 do encarte e complete-a com os números que faltam. Em seguida, exponha seu trabalho no varal da sala.

▼ O que precisamos saber antes de telefonar para alguém?

▶ MATEMÁTICA NO SUCO

SUCO CREMOSO DE MELANCIA

INGREDIENTES:

- 5 FATIAS DE MELANCIA;
- 1 LATA DE LEITE CONDENSADO;
- GELO À VONTADE.

MODO DE FAZER

1. BATA AS FATIAS DE MELANCIA NO LIQUIDIFICADOR.
2. PENEIRE A POLPA PARA TIRAR AS SEMENTES BATIDAS.
3. BATA A POLPA NOVAMENTE, ACRESCENTANDO O LEITE CONDENSADO E O GELO.
4. SIRVA E SABOREIE ESSA DELÍCIA REFRESCANTE.

Leia a receita com o professor e, com a turma, prepare o suco sugerido.

▼ Quantas fatias de melancia foram necessárias para preparar a receita?
Desenhe bolinhas no quadro **azul** para representar essa quantidade.

▼ Quantas latas de leite condensado foram usadas?
Faça riscos no quadro **vermelho** para representar essa quantidade.

MATEMÁTICA NA SOBREMESA

SALADA DE FRUTAS

INGREDIENTES:

- 2 BANANAS;
- 2 MAÇÃS;
- 1 MAMÃO;
- 4 MORANGOS;
- 2 KIWIS;
- 2 LARANJAS.

MODO DE FAZER

PIQUE TODAS AS FRUTAS E ESPREMA AS LARANJAS SOBRE ELAS. DEPOIS É SÓ MISTURAR TUDO E SABOREAR.

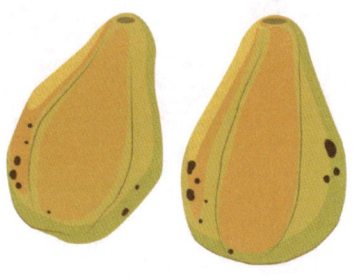

▼ Você gosta de salada de frutas?

Leia a receita com o professor e, com a turma, prepare a salada de frutas. Depois, circule apenas a quantidade de frutas pedida na receita.

Escreva o número de frutas circuladas embaixo das imagens.

TAREFA PARA CASA 2

▶ O TEMPO DE UM DIA

[...] UM DIA É TEMPO SUFICIENTE PARA SE FAZER MUITAS COISAS.

DIVIDIMOS O TEMPO DE UM DIA EM MANHÃ, TARDE E NOITE. [...]

JAMES DUNBAR. **TIQUE-TAQUE – O TEMPO NÃO PARA**. SÃO PAULO: ÁTICA, 2003. P. 14. FROM WONDERWISE: TICK-TOCK BY JAMES DUNBAR.

PAULA KRANZ

TARDE

Leia o poema com os colegas e o professor.

▼ Você faz muitas atividades ao longo do dia?

▼ De qual parte do dia você mais gosta: manhã, tarde ou noite? Por quê?

Desenhe no quadro o que você costuma fazer no período da tarde.

▼ O que você desenhou?

MARÇO DE 2020

DOMINGO	SEGUNDA--FEIRA	TERÇA--FEIRA	QUARTA--FEIRA	QUINTA--FEIRA	SEXTA--FEIRA	SÁBADO
1	2	3	4	5	6	7
8	9	10	11	12	13	14
15	16	17	18	19	20	21
22	23	24	25	26	27	28
29	30	31				

HENRIQUE BRUM

▼ Quantos dias há em uma semana?

Conte os dias com a ajuda do professor. Em seguida, encontre no calendário o dia **2 de março** e circule-o.

▼ Em que dia da semana está o dia **2 de março**?

Para finalizar, destaque a página 171 do encarte e cubra o número **2** com cola colorida. Depois, cole **2** lantejoulas na página para representar essa quantidade.

MAIS QUE NÚMEROS · MAIS QUE NÚMEROS · MAIS QUE NÚMEROS

O TEMPO TAMBÉM PASSA EM HORAS

ILUSTRAÇÕES: LUIZ LENTINI

1

2

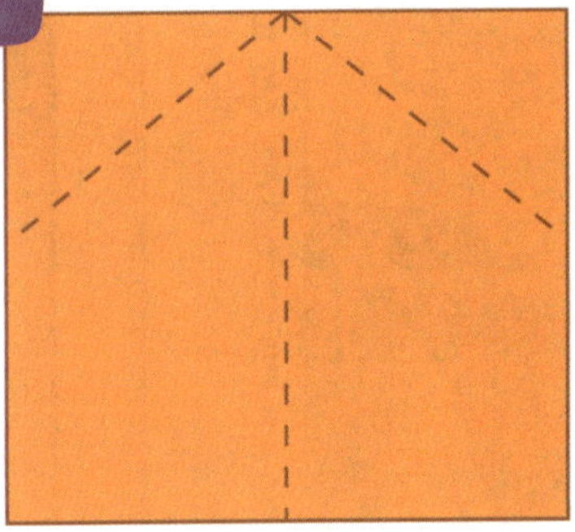

3

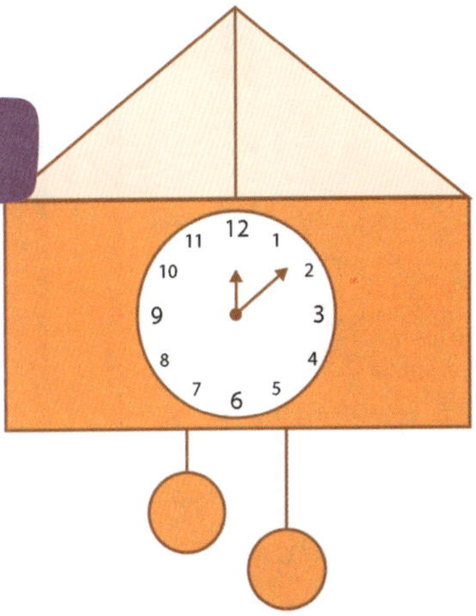

Destaque as figuras da página 163 do encarte e siga o passo a passo para fazer a dobradura de um relógio. Depois de pronto, cole-o no quadro acima.

Complete o relógio traçando os ponteiros e os números que faltam.

▼ Você consegue identificar algumas formas geométricas no relógio?

Ligue as formas de sua dobradura às formas geométricas da legenda.

MATEMÁTICA COM ARTE

ALDEMIR MARTINS/COLEÇÃO PARTICULAR

ALDEMIR MARTINS. **PEIXE**, 1970. ACRÍLICA SOBRE TELA, 22 CM × 16 CM.

Observe a reprodução da pintura **Peixe**, de Aldemir Martins.

- O que a tela apresenta?
- Você consegue identificar alguma forma geométrica nessa obra de arte?

Com os colegas e o professor, encontre essas formas na tela e descubra o nome delas.

Depois, destaque as figuras da página 151 do encarte e cole-as no quadro para fazer uma releitura da obra desse artista.

ALEXANDRE MATTOS

▶ MATEMÁTICA NA TELA DO ARTISTA

ESPÓLIO DE ALFREDO VOLPI/COLEÇÃO PARTICULAR

ALFREDO VOLPI. **GRANDE FACHADA FESTIVA**, C. 1950.
TÊMPERA SOBRE TELA, 119 CM × 159 CM.

Observe a obra de arte de Alfredo Volpi, que representa a fachada de uma casa.

▼ Que formas geométricas o artista utilizou na composição da obra?

▼ Quais sequências você identifica nela?

Faça a releitura da tela utilizando outras cores e formas. Depois, apresente seu desenho aos colegas e ao professor mostrando as cores e as formas utilizadas.

AS FORMAS E AS CORES DAS CASAS

▼ Você já observou as casas nas ruas por onde passa?

▼ Percebeu as formas e as cores que as compõem?

Lembre-se de alguma casa que você observou no caminho de sua moradia até a escola e desenhe-a mostrando as cores e as formas que percebeu.

Não se esqueça de anotar o número da casa da maneira que souber.

▶ ARTE, CORES E FORMAS

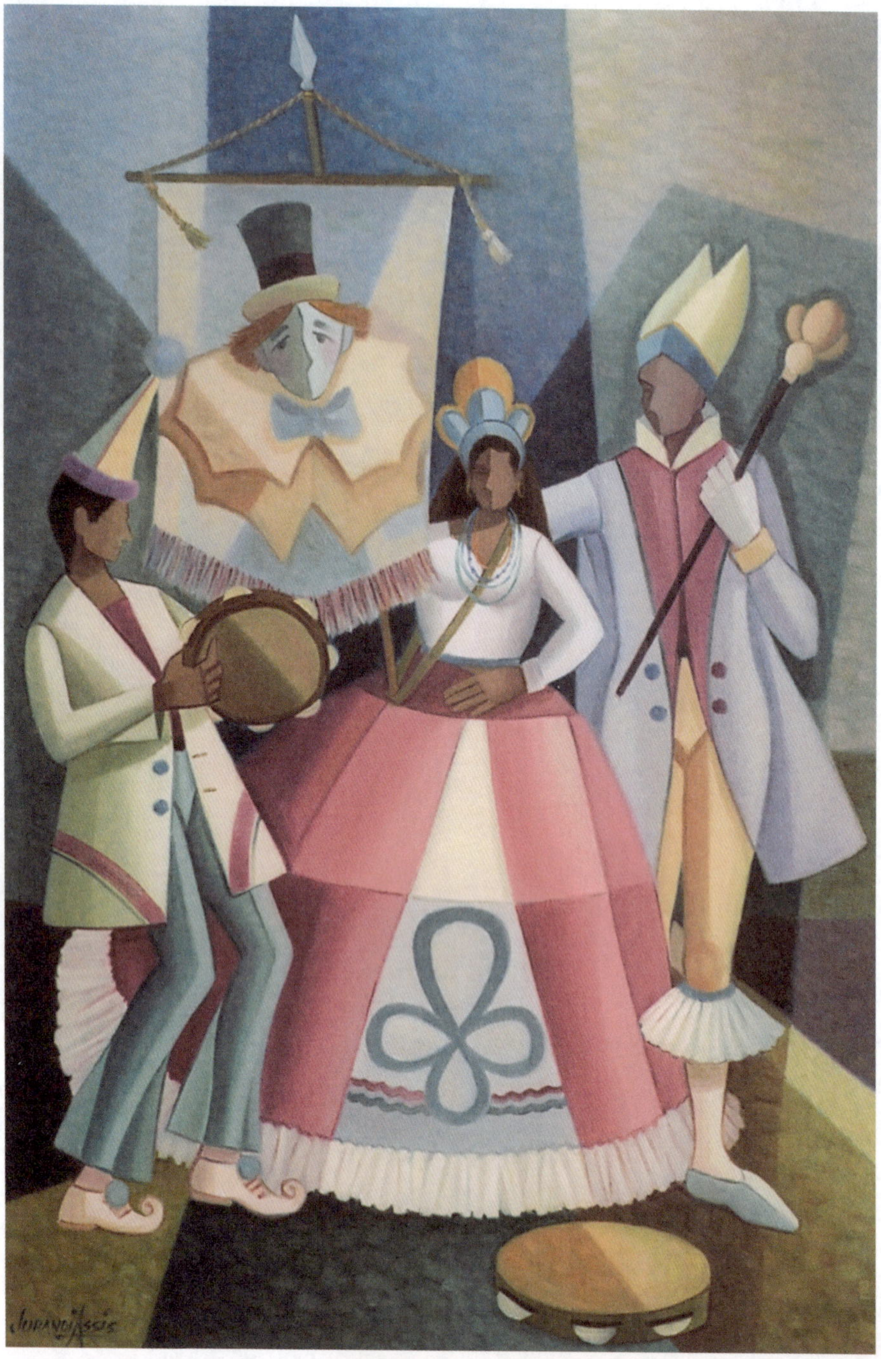

JURANDI ASSIS.
PORTA-ESTANDARTE,
1996. ÓLEO SOBRE
TELA, 73 CM × 50 CM.

▼ Você sabe o que é um porta-estandarte?

▼ Quais cores foram utilizadas pelo artista?

▼ Quais formas você consegue identificar na tela?

　Observe a imagem com atenção. Depois, desenhe no quadro as formas geométricas que você encontrou.

▶ PORTA-ESTANDARTE

RODRIGO ARRAYA

3 **⋮**
TRÊS

▼ O que falta na cena?

Desenhe uma bandeira para cada porta-estandarte com a mesma cor da roupa de cada um deles.

▼ Quantos porta-estandartes aparecem na imagem?

Conte-os e observe no quadro o número que representa essa quantidade.

Depois, encontre o porta-estandarte mais **alto** e circule-o.

29

HENRIQUE BRUM

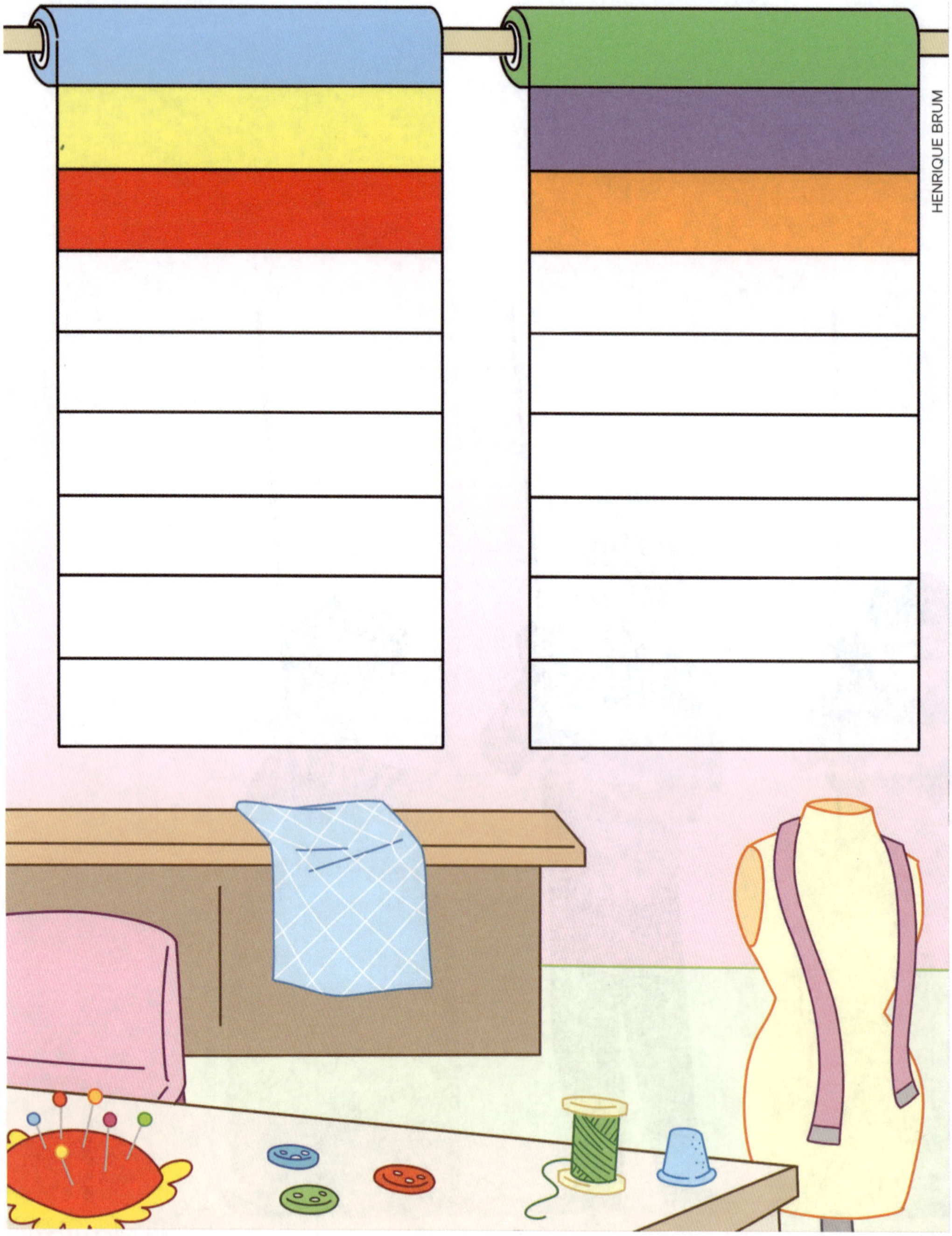

▼ Você já assistiu a um desfile de Carnaval?

▼ Como são as fantasias?

Observe as cores dos tecidos que a costureira usará para fazer algumas fantasias.

▼ Que cores faltam para completar a sequência de listras de cada tecido?

Complete a sequência de cores pintando as listras com lápis de cor.

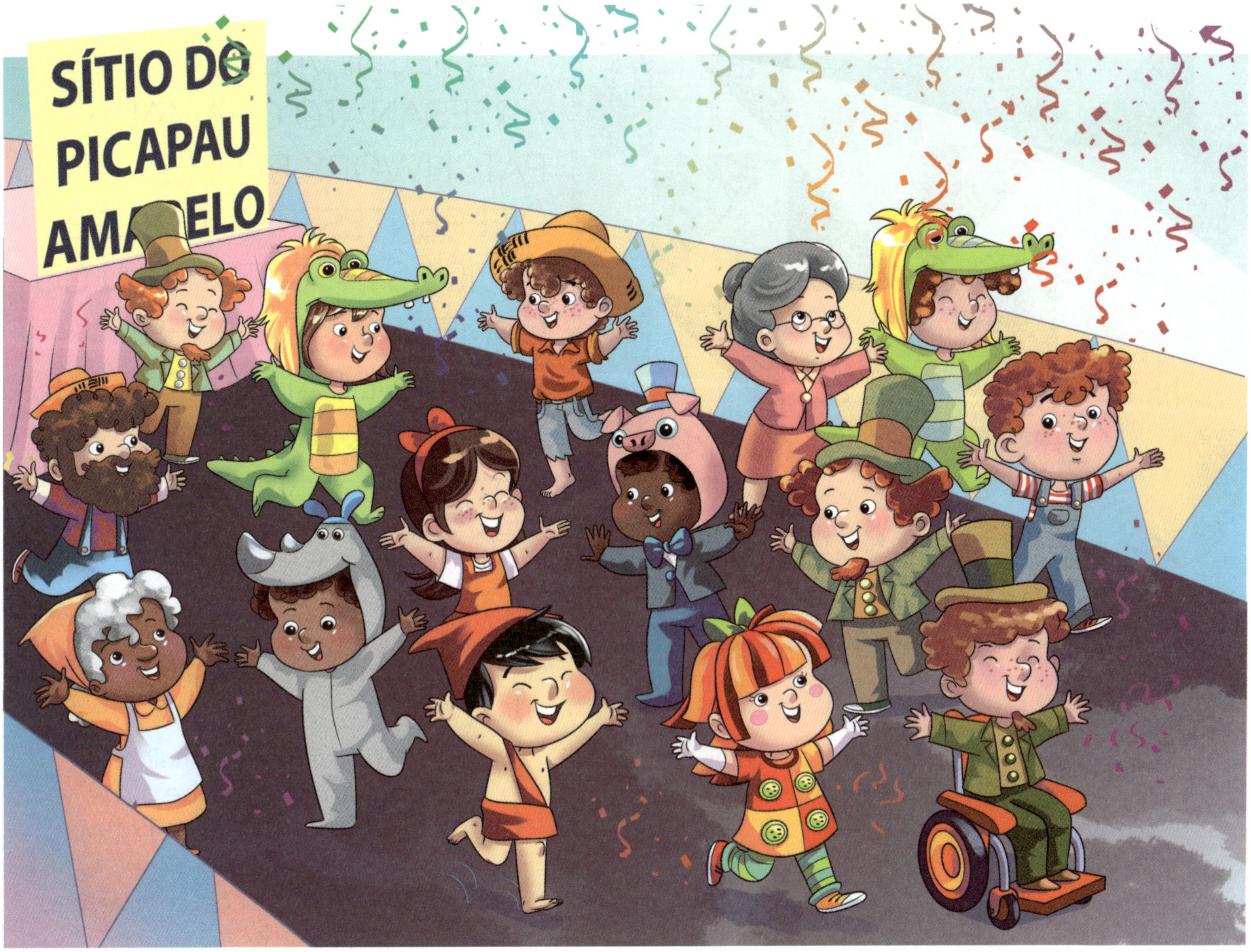

ILUSTRA CARTOON

PERSONAGENS: ANDRÉ VALLE

▼ Você já se fantasiou para brincar no Carnaval?

Circule na cena todas as crianças fantasiadas dos personagens da legenda. Use uma cor para cada personagem. Depois, conte-os e escreva o número no quadrinho correspondente.

Destaque a página 173 do encarte e cubra o número **3** com cola colorida. Depois, cole **3** feijões na página para representar essa quantidade.

▶ MATEMÁTICA NO ARTESANATO

STANISLAV SAMOYLIK/SHUTTERSTOCK.COM

A TÉCNICA DE ARTESANATO CHAMADA PATCHWORK REÚNE DIFERENTES PEDAÇOS DE TECIDOS PARA CRIAR ALGO COMBINANDO CORES, FORMAS E PADRÕES QUE PRODUZEM A BELEZA ARTÍSTICA COM DESENHOS GEOMÉTRICOS.

SE LIGUE NA REDE

Para conhecer melhor o *patchwork*, consulte o *link* a seguir (acesso em: 19 fev. 2020).

▼ www.infoescola.com/artes/patchwork/

Observe esse belo artesanato que combina cores e formas.

▼ Que formas geométricas você observa nele?

▼ Quais cores mais aparecem?

▼ Você consegue observar um padrão de cores e formas?

No quadro, crie um padrão de cores e formas semelhante ao do artesanato da imagem. Use a criatividade!

▶ BRINCANDO DE PATCHWORK

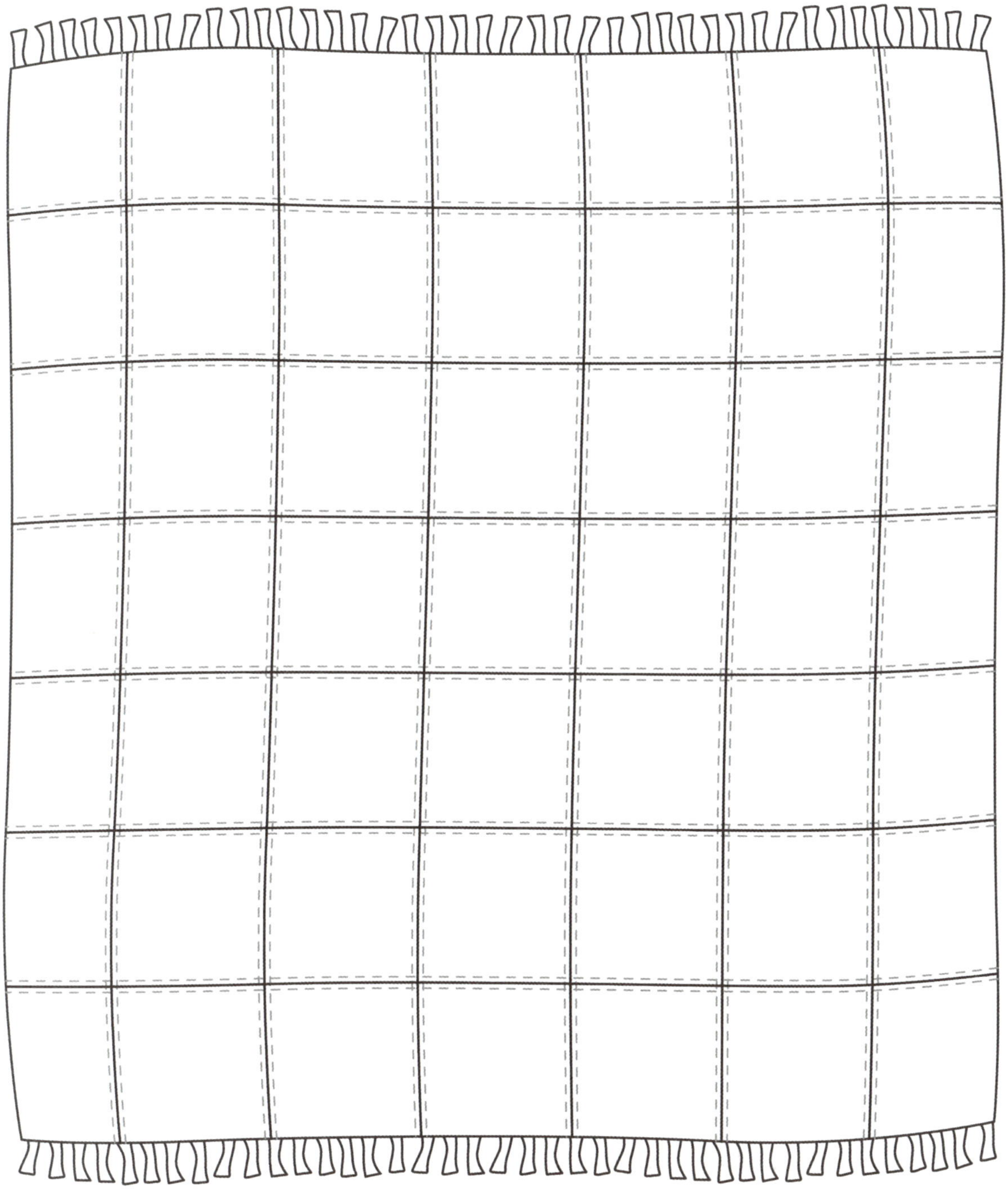

HÉLIO SENATORE

- ▼ Você já viu uma colcha de retalhos?
- ▼ Como você acha que ela é feita?

  Elabore uma sequência de cores e pinte os quadrados para criar uma colcha de retalhos.

- ▼ Que cores você utilizou?

 **TAREFA PARA CASA 3**

▶ O CIRCO CHEGOU

POR BAIXO DA LONA

ILUSTRAÇÕES: LUIZ LENTINI

SOB A LONA COLORIDA
MUITAS LUZES E MOVIMENTOS.
CRIANÇAS E ADULTOS SENTADOS
ESPERAM ANSIOSOS E ATENTOS.

DE REPENTE SURGE UM HOMEM
DE CARTOLA, ELEGANTE,
APRESENTANDO A TODO PÚBLICO
NÚMEROS E ATRAÇÕES APAIXONANTES.

AÍ VEM O EQUILIBRISTA,
A BAILARINA, O PALHAÇO,
CADA UM MOSTRANDO SEU NÚMERO
COM DESTREZA E DESEMBARAÇO.

REINA A ALEGRIA, NO PICADEIRO E NA PLATEIA.
É O GRANDE ESPETÁCULO DO CIRCO
PARECENDO SEMPRE
UMA NOVA ESTREIA.

TEXTO ESCRITO ESPECIALMENTE PARA ESTA OBRA.

Leia o poema com os colegas e o professor.
▼ Você já foi a um circo?
▼ O que podemos encontrar nesse lugar?
▼ Que artistas trabalham no circo?
Pinte com lápis de cor apenas o circo **maior**.

ENTRE TAMANHOS · ENTRE TAMANHOS

▶ PALHAÇADAS PARA ANIMAR O PÚBLICO

HENRIQUE BRUM

Observe o palhaço e descubra algumas formas geométricas.

▼ Que forma tem o chapéu dele? E o nariz?

Pinte de **azul** o **triângulo** e de **vermelho** o **círculo**. Agora, com a ajuda do professor, identifique o lado **direito** e o lado **esquerdo** da página. Em seguida, pinte de **amarelo** o cabelo do palhaço que está do lado **direito** e de **marrom** o cabelo do palhaço que está do lado **esquerdo**.

SER CIDADÃO

DOS CIRCOS PARA OS HOSPITAIS

[...] QUEM NÃO GOSTA DE RIR ATÉ DOER A BARRIGA? MAS TEM GENTE HOSPITALIZADA QUE NÃO TEM MUITOS MOTIVOS PARA ACHAR GRAÇA. FOI PRECISO UM PALHAÇO PARA PERCEBER QUE A ALEGRIA PODIA SAIR DO PICADEIRO DO CIRCO E CHEGAR ATÉ AS CRIANÇAS INTERNADAS! [...]

NO BRASIL FOI O PALHAÇO WELLINGTON NOGUEIRA QUEM COMEÇOU ESSA HISTÓRIA. [...]

DO CIRCO PARA OS HOSPITAIS OS PALHAÇOS AJUDAM OS PACIENTES A ACEITAR MELHOR OS EXAMES E CURATIVOS, A TER UMA IMAGEM MAIS POSITIVA DO HOSPITAL, A SE RECUPERAR DE CIRURGIAS, ALÉM DE FACILITAREM A RELAÇÃO ENTRE EQUIPE, PAIS E PACIENTES. [...]

27 DE MARÇO – DIA DO CIRCO. **PLENARINHO**, 27 MAR. 2019. DISPONÍVEL EM: HTTPS://PLENARINHO. LEG.BR/INDEX.PHP/2019/03/27-DE-MARCO-DIA-CIRCO/. ACESSO EM: 9 DEZ. 2019.

SE LIGUE NA REDE

Para conhecer um pouco mais o trabalho de palhaços em hospitais, acesse o *link* a seguir (acesso em: 19 fev. 2020).

▼ www.youtube.com/watch?v=nODJZVoEOKY

DOUTORES DA ALEGRIA

PALHAÇOS ALEGRAM CRIANÇAS EM HOSPITAIS.

▼ Você sabia que há palhaços que visitam pacientes em hospitais?

▼ O que você acha que eles fazem lá?

▼ Por que você acha que eles escolheram fazer palhaçadas dentro dos hospitais?

Leia o texto com o professor e converse com os colegas a respeito do trabalho desses artistas.

Para finalizar, destaque as peças da página 163 do encarte e brinque com o quebra-cabeça.

▶ A BRINCADEIRA VAI COMEÇAR!

A GALINHA DO VIZINHO

A GALINHA DO VIZINHO
BOTA OVO AMARELINHO.
BOTA UM, BOTA DOIS,
BOTA TRÊS, BOTA QUATRO [...]

PARLENDA.

FUI ATÉ A LATA DE BISCOITO

FUI ATÉ A LATA DE BISCOITO
TIREI UM, TIREI DOIS,
TIREI TRÊS, TIREI QUATRO,
TIREI CINCO, TIREI SEIS,
TIREI SETE, TIREI OITO,
TIREI NOVE, TIREI DEZ!

PARLENDA.

LUIZ LENTINI

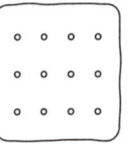 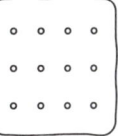 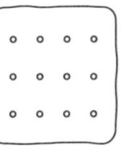 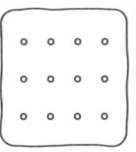

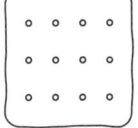 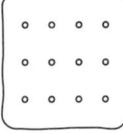 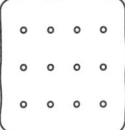 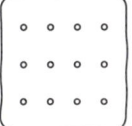 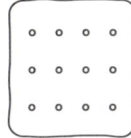

4 ∷
QUATRO

TAREFA PARA CASA 4

▶ UM, DOIS, TRÊS, QUATRO...

PIRULITO QUE BATE, BATE

PIRULITO QUE BATE, BATE,
PIRULITO QUE JÁ BATEU,
QUEM GOSTA DE MIM É ELA,
QUEM GOSTA DELA SOU EU!

CANTIGA.

ANDRÉ VALLE

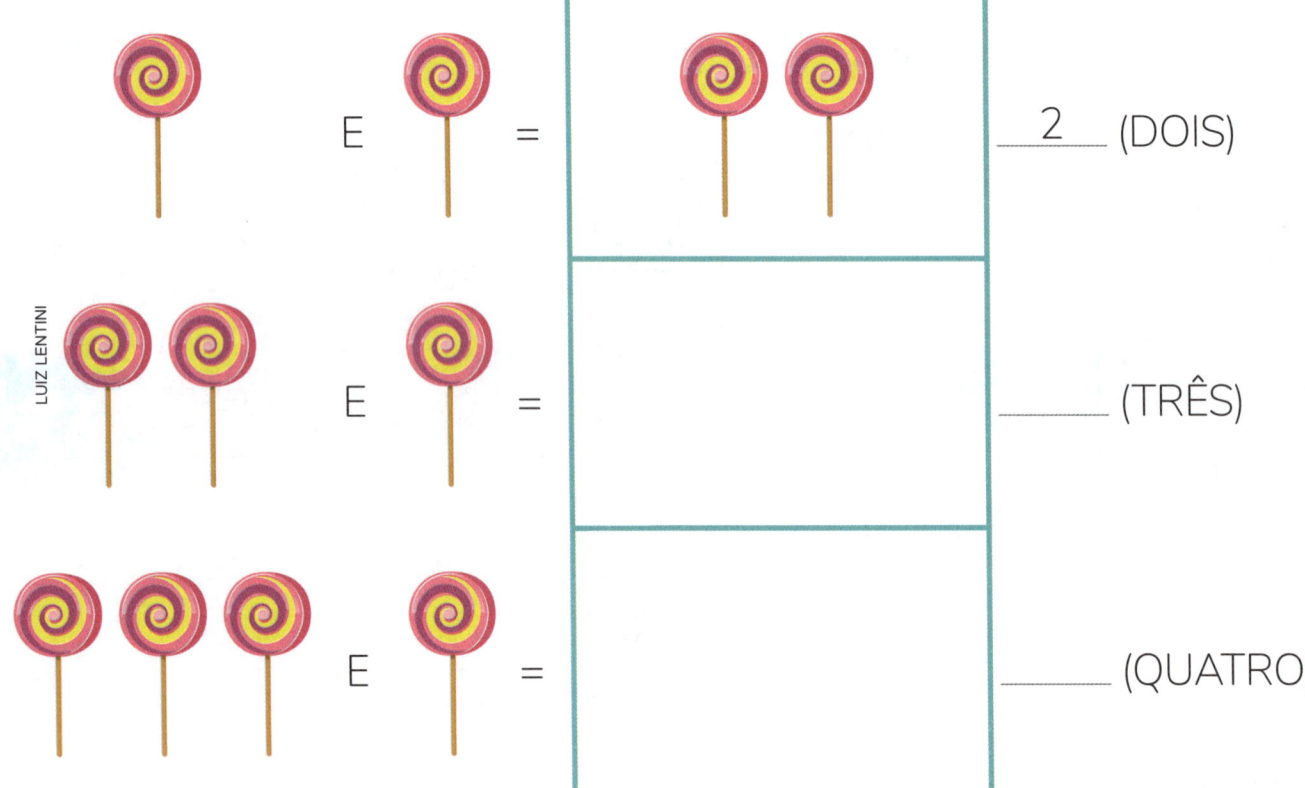

LUIZ LENTINI

E = ___2___ (DOIS)

E = _____ (TRÊS)

E = _____ (QUATRO)

▼ Você já participou de brincadeiras como a mostrada na ilustração?

Agora, vamos construir juntos o número **4**. Observe o exemplo e continue a atividade. Você precisará desenhar a quantidade de pirulitos indicada e registrar o número que a representa.

Destaque a página 175 do encarte e cubra o número **4** com cola colorida. Depois, cole **4** palitos de fósforo na página para representar essa quantidade.

▶ BRINCANDO APRENDEMOS MATEMÁTICA

O MESTRE MANDOU DAR CINCO PASSOS DE FORMIGUINHA...

ILUSTRAÇÕES: HENRIQUE BRUM

O MESTRE MANDOU DAR QUATRO PASSOS DE AVESTRUZ...

Com os colegas e o professor, leia as ordens que o mestre mandou.

▼ Como você acha que é o passo de uma formiguinha: **grande** ou **pequeno**?

▼ E o passo de um avestruz?

Faça os passos da formiguinha até o formigueiro ligando os pontos. Depois, desenhe a pegada do avestruz no chão.

▼ Quem você acha que tem o passo **maior**?

▶ CONTANDO TRECOS

ZECA CATATRECOS

ESTE É ZECA.
ZECA CATATRECOS,
COM SEU CARRINHO RECO-RECO,
INVENTA BARACUTECOS.

CATA LATAS DE TODOS OS FORMATOS E
TAMANHOS: LATA PEQUENA, ARREDONDADA,
GRANDE E RETANGULAR COMO UM PRÉDIO.
CATA CAIXA MÉDIA, QUADRADA E CAIXA REDONDA [...]

COM UMA CAIXA QUADRADA, DUAS CAIXAS DE FÓSFORO E UM
PEDAÇO QUADRADO DE PAPEL-CARTÃO,
INVENTA UMA TELEVISÃO. [...]

JÓTAH. **ZECA CATATRECOS**. ESCRITO E ILUSTRADO POR JÓTAH.
SÃO PAULO: PAULINAS, 2007. P. 3-5.

▼ O que Zeca faz? Você sabe a importância de reaproveitarmos materiais que iriam para o lixo?

Destaque as figuras da página 147 do encarte. Depois, conte e escolha **3** caixas e **4** latas. Agora, faça como o Zeca Catatrecos e cole as figuras acima, formando algum objeto.

▼ As caixas que você escolheu apresentam tamanhos e formas diferentes? E as latas?

ZECA, ARTISTA CONSTRUTOR

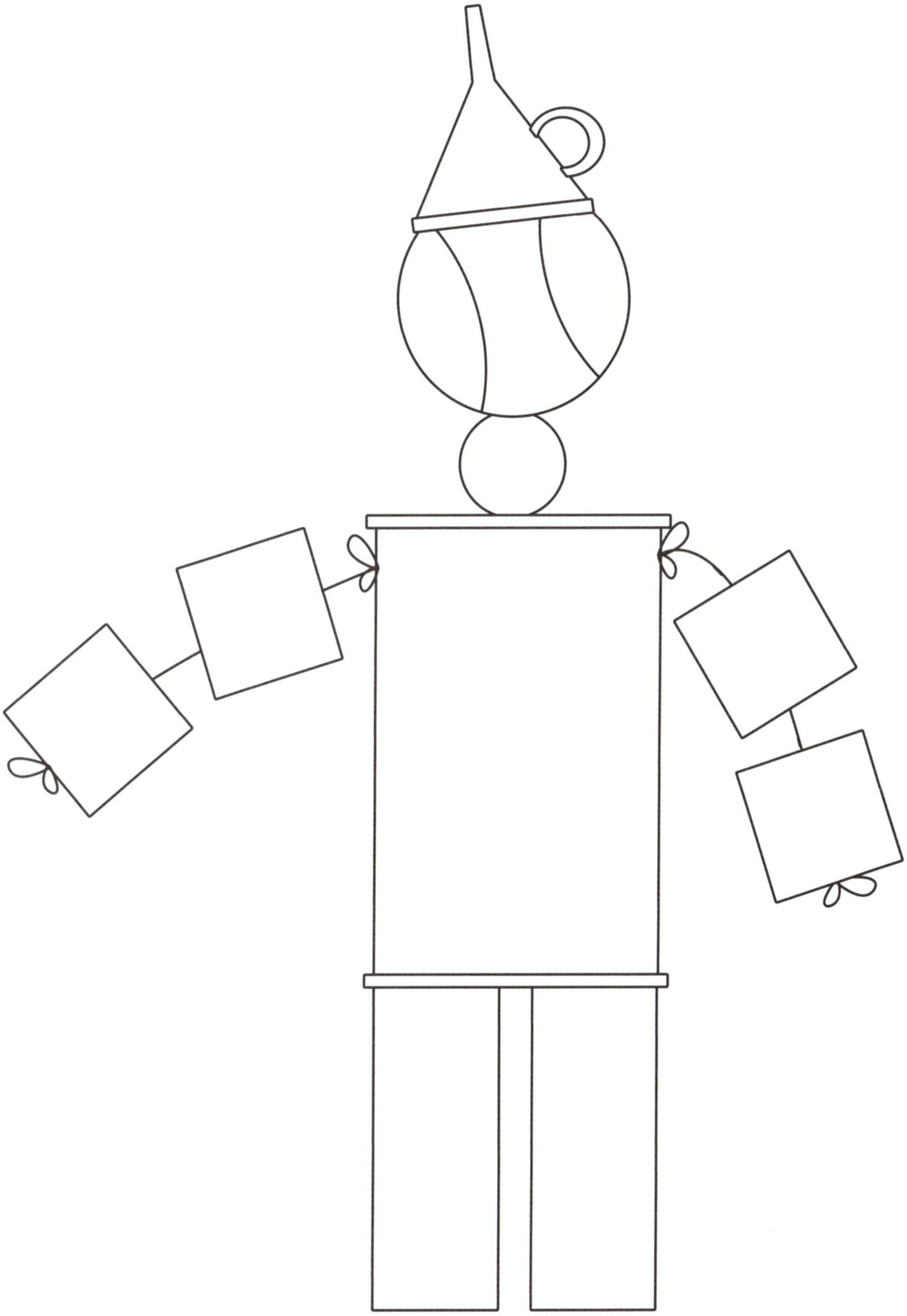

LUIZ LENTINI

Pinte outro objeto que Zeca construiu com seus trecos.

▼ Você consegue identificar alguma forma geométrica nessa figura?

Registre nos quadrinhos da legenda quantas vezes cada forma geométrica apareceu na imagem.

▶ CRIANDO COM SUCATAS!

_____

Com os colegas e o professor, recolha a maior quantidade de sucata possível. Peça a ajuda dos familiares também.

Com esses materiais, faça como Zeca e construa seu boneco. Depois, desenhe seu boneco no quadro com canetinha hidrocor e mostre-o aos colegas, identificando formas e cores.

▼ Que formas geométricas aparecem nos bonecos que vocês fizeram?

Crie um nome para seu boneco e anote-o na linha da maneira que souber.

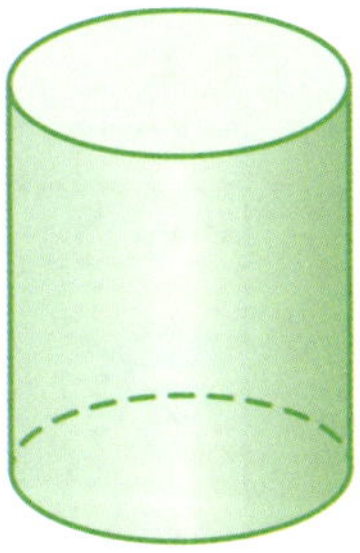

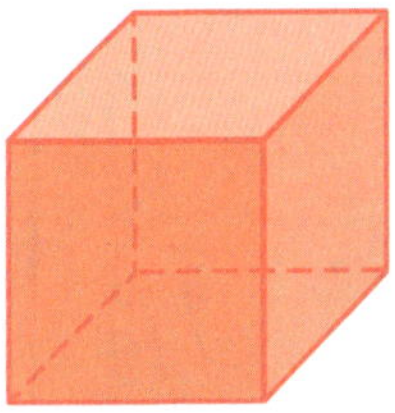

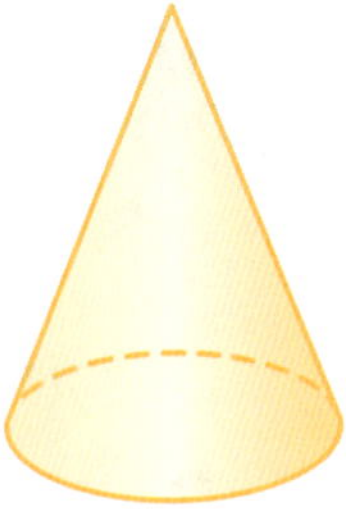

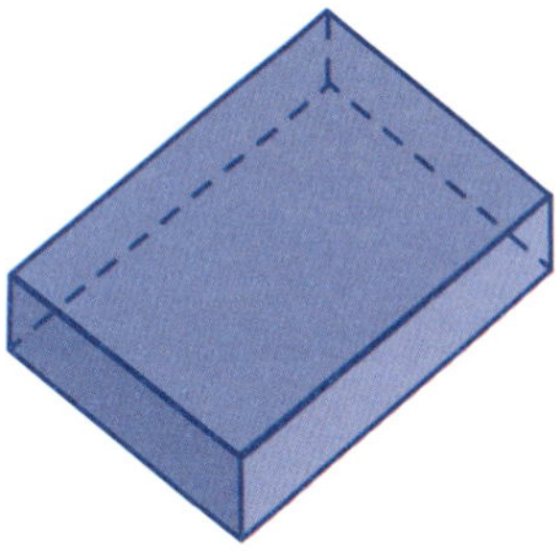

▼ Você já viu alguma dessas formas geométricas?

▼ Conhece algum objeto que tenha a forma parecida com a de uma dessas figuras?

Destaque as imagens da página 149 do encarte e descubra com que formas desta página elas se parecem. Depois, cole-as fazendo a correspondência entre as figuras.

HISTÓRIAS PARA CONTAR

ALEXANDRE MATOS

PODEMOS CANTAR CANTIGAS QUE CONTEM OS DEDOS DAS [ ] E DOS [ ] ...

PODEMOS CONTAR HISTÓRIAS QUE FORMEM

FIGURAS COM [ ] ...

Você conhece histórias nas quais contamos quantidades?

Destaque as figuras da página 153 do encarte e complete os balões de fala de Marcelo para saber o que você conhecerá nesta unidade.

PODEMOS RECITAR POEMAS QUE CONTEM ...

PODEMOS CONTAR HISTÓRIAS EM QUADRINHOS QUE CONTEM ...

▶ MUITOS PEZINHOS PARA CALÇAR

PARA A CENTOPEIA FACEIRA
A DÚVIDA É CORRIQUEIRA:
O QUE VOU USAR PARA CALÇAR,
SE TENHO DE SAIR PARA DANÇAR?

TEXTO ESCRITO ESPECIALMENTE
PARA ESTA OBRA.

ILUSTRAÇÕES: HENRIQUE BRUM

Veja os calçados que a centopeia escolheu. Pinte-os e conte-os para descobrir de quantos calçados ela precisa para sair.

▼ Quantos calçados você pintou?

Faça bolinhas no quadro para representar essa quantidade. Depois, pesquise com os colegas e o professor quantas pernas uma centopeia de verdade pode ter.

▶ CONTANDO OS DEDINHOS

DEDO DAS MÃOS, DEDO DOS PÉS

DEDO DAS MÃOS, DEDO DOS PÉS
TEMOS CINCO EM CADA UM.
DEDO DAS MÃOS, DEDO DOS PÉS
VAMOS CONTAR, VOU TE ENSINAR...

UM, DOIS, TRÊS, QUATRO, CINCO
NA MÃO ESQUERDA.
UM, DOIS, TRÊS, QUATRO, CINCO
NA MÃO DIREITA.
UM, DOIS, TRÊS, QUATRO, CINCO
NO PÉ ESQUERDO.
UM, DOIS, TRÊS, QUATRO, CINCO...

DEDO DAS MÃOS, DEDO DOS PÉS
TEMOS CINCO EM CADA UM
DEDO DAS MÃOS, DEDO DOS PÉS
VAMOS CONTAR, VOU TE ENSINAR. [...]

CANTIGA.

Cante a música com os colegas e o professor.

▼ Você sabe qual é a mão direita?

Com a ajuda do professor, carimbe nos quadrinhos cada um dos dedos de sua mão direita. Depois, conte-os e observe o número que representa essa quantidade.

▶ CAIXA DE BRINQUEDOS

UM SONHO MALUCO

GABRIEL SE DEITOU PARA DORMIR E NÃO IMAGINAVA O QUE IA ACONTECER: OS BRINQUEDOS GANHARAM VIDA E BRINCARAM PARA VALER.

CLAUDIA MARIANNO

O PORQUINHO COR-DE-ROSA ESTAVA ROXO E PRA MORRER... AFINAL, QUASE FOI ATROPELADO PELO CARRO A CORRER. JÁ O PALHAÇO MOVIA-SE SEM PARAR E ACHAVA MUITA GRAÇA DO MENINO A SONHAR. TENTANDO PROTEGER E SALVAR, O SUPER-HERÓI NÃO PARAVA DE VOAR.

DURANTE O SONHO MALUCO, O SOLDADINHO DE CHUMBO FUGIU...

GABRIEL ACORDOU E O QUE ELE VIU?

SÓ O CHAPÉU DO SOLDADINHO. SERÁ QUE ELE SUMIU?

TEXTO ESCRITO ESPECIALMENTE PARA ESTA OBRA.

Leia a história com o professor e os colegas.
▼ Quantos brinquedos havia na caixa de Gabriel?
Observe os números e marque com **X** aquele que corresponde à quantidade de brinquedos na caixa.

O QUE É, O QUE É?

QUE DÁ MUITAS VOLTAS,
MAS NÃO SAI DO LUGAR.

ADIVINHA.

ILUSTRAÇÕES: HÉLIO SENATORE

▼ Você sabia que o relógio marca a passagem do tempo?
  Observe os relógios e pinte os que forem iguais.
▼ Quantos relógios você pintou?
  Destaque a página 177 do encarte e cubra o número **5** com cola colorida.
Depois, cole **5** botões na página para representar essa quantidade.

MAIS QUE NÚMEROS · MAIS QUE NÚMEROS · MAIS QUE NÚMEROS

▶ DIREITA E ESQUERDA

CLACT... CLACT... CLACT...

UM DIA UMA TESOURA ENCONTROU UM MONTE DE PAPEL PICADO.

— QUE HORROR! — ELA PENSOU. — EU NUNCA TERIA FEITO UM SERVIÇO TÃO MALFEITO. [...]

FOI ENTÃO QUE A TESOURA ACHOU QUE PELO MENOS PODIA PÔR ORDEM NAQUILO [...]

— CLACT... CLACT... CLACT... OS AMARELOS TODOS DO LADO ESQUERDO! — FALOU A TESOURA. [...]

— CLACT... CLACT... CLACT... OS AZUIS PARA O LADO DIREITO! E OS AZUIS FORAM PARA O LADO DIREITO. [...]

— CLACT... CLACT... CLACT... QUERO QUE OS VERMELHOS FORMEM UM TRIÂNGULO! [...]

LILIANA IACOCCA E MICHELE IACOCCA. **CLACT... CLACT... CLACT**... 9. ED. SÃO PAULO: ÁTICA, 2000. P. 2, 4, 6 E 12.

ESTÚDIO KIWI

Leia a história com a ajuda do professor.

▼ Que cores foram citadas no texto?

▼ Que forma geométrica os papéis **vermelhos** formaram?

Dobre uma folha sulfite ao meio e abra-a novamente. Agora, cole papel picado **amarelo** no lado **esquerdo** e papel picado **azul** no lado **direito** da folha.

ALÉM DAS FORMAS • ALÉM DAS FORMAS

TALENTO E ARTE • TALENTO E ARTE

TAREFA PARA CASA 5

FORMAS E ARTE

MUSEU NACIONAL DE ARTE MODERNA, PARIS

WASSILY KANDINSKY. **AMARELO, VERMELHO, AZUL**, 1925. ÓLEO SOBRE TELA, 127 CM × 200 CM.

Essa pintura é do artista russo Wassily Kandinsky. Observe-a com atenção.

▼ Que formas geométricas você identifica na pintura?

▼ Que cores o artista utilizou?

Represente essas formas geométricas desenhando-as no quadro e use as cores que você identificou para pintá-las.

▶ CONTANDO ATÉ SEIS

QUANTOS BICHOS?

4 RATOS + 2 CAMELOS =

6 BICHOS SE ENCONTRANDO NO DESERTO.

FERNANDO DE ALMEIDA, MARIANA ZANETTI E RENATA BUENO. **QUANTOS BICHOS?** SÃO PAULO: EDITORA DO BRASIL, 2010. P. 14.

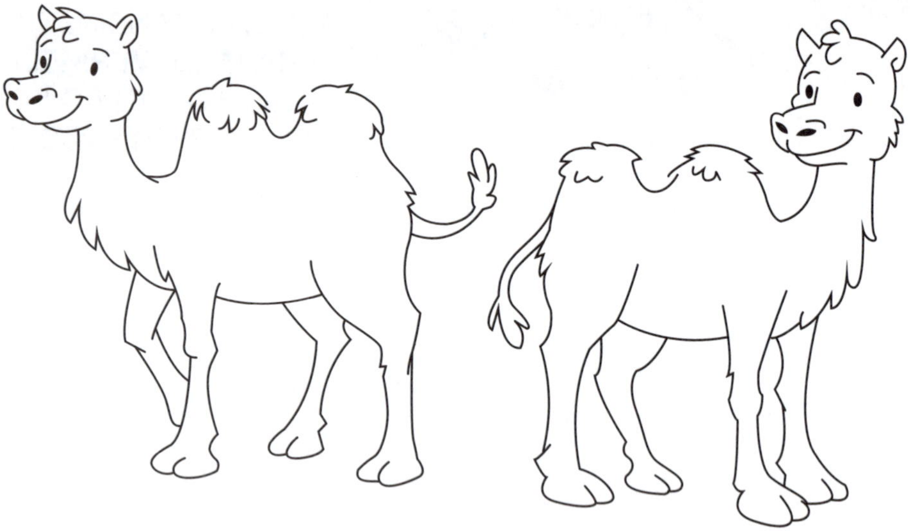

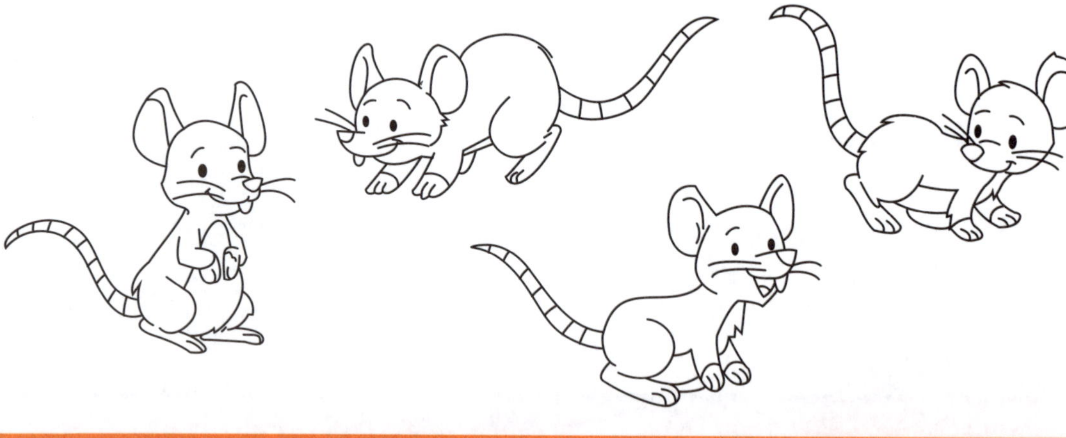

ILUSTRAÇÕES: HENRIQUE BRUM

▼ Quantos bichos se encontraram no deserto?

▼ Quantos se juntaram para resultar na quantidade **6**?

Conte e pinte os bichos que se encontraram no deserto. Depois, junte materiais concretos, como lápis, palitos e blocos lógicos, e descubra outras maneiras de contar até **6**.

Observe novamente a imagem e circule os animais mais altos.

VAMOS FORMAR PARES?

MACACO: ERIC ISSELÉE/DREAMSTIME.COM

ELEFANTE: FOUR OAKS/SHUTTERSTOCK.COM

COELHO: SANIT FUANGNAKHON/SHUTTERSTOCK.COM

Ligue os animais iguais, formando pares. Use uma cor para cada par.

▼ Quantos pares você formou? Quantos animais há de cada espécie?

Escreva nos quadrinhos, da maneira que souber, o número que representa a quantidade de animais de cada espécie.

Destaque a página 179 do encarte e cubra o número **6** com cola colorida. Depois, cole **6** pedaços de fita de cetim na página para representar essa quantidade.

► TRÊS TIGRES E TRÊS TATUS

AO TOPAREM
TRÊS TIGRES TAGARELAS,
TRÊS TATUS
FICARAM TÃO ATARANTADOS
QUE TOCARAM TERRA
NA PRÓPRIA TOCA.

ELIAS JOSÉ. **QUEM LÊ COM PRESSA TROPEÇA**. 6. ED. BELO HORIZONTE: LÊ, 1995. P. 22.

LUIZ LENTINI

Com a ajuda do professor, leia o trava-língua e repita-o rapidamente.

▼ Quantos animais foram citados no trava-língua?

Conte-os e faça risquinhos no quadro para representar essa quantidade.

MOEDINHA NO COFRINHO

TURMA DA MÔNICA. **ALMANAQUE HISTORINHAS DE UMA PÁGINA**. N. 8. SÃO PAULO: PANINI COMICS; MAURICIO DE SOUSA EDITORA, 2013. P. 38.

Leia a história em quadrinhos e converse com os colegas e o professor sobre ela.

Cascão colocou a moeda no cofre porque está guardando dinheiro para comprar um caminhãozinho de brinquedo.

▼ E você? Já poupou dinheiro?

▼ O que compraria com o dinheiro poupado?

Desenhe, em uma folha à parte, algo que você compraria.

COMO PODEMOS ECONOMIZAR?

 = 1

 E  =

  E  =

   E  =

    E  =

     E   =

Utilizamos dinheiro para comprar o que precisamos para viver. Mas é preciso economizar e não gastar além do necessário.

▼ Você também guarda moedas em um cofrinho?

Faça como Cascão: junte e conte as moedas acima, descubra quantas são e escreva o número correspondente nos quadrinhos.

CONTANDO AS ECONOMIAS

MAURICIO DE SOUSA PRODUÇÕES LTDA

CASCÃO

MAURICIO

CRÁS

EBA! FINALMENTE, DEPOIS DE MESES ECONOMIZANDO, EU PUDE QUEBRAR O MEU PORQUINHO!

AGORA, EU POSSO COMPRAR O QUE EU QUISER E...

© MAURICIO DE SOUSA PRODUÇÕES - BRASIL

TURMA DA MÔNICA. **ALMANAQUE HISTORINHAS DE UMA PÁGINA**. N. 8. SÃO PAULO: PANINI COMICS; MAURICIO DE SOUSA EDITORA, 2013. P. 31.

▼ Por que Cascão quebrou o cofrinho dele?

▼ Quantas moedas havia no cofrinho?

Desenhe em uma folha à parte a quantidade de moedas que Cascão tinha dentro do cofre. Depois, escreva o número que corresponde a essa quantidade.

DOCES E LANCHES

ILUSTRAÇÕES: HÉLIO SENATORE

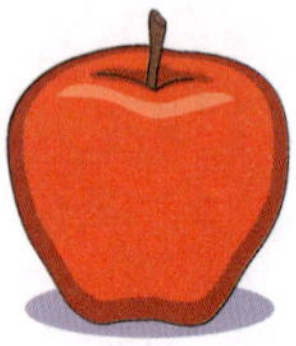

1 REAL 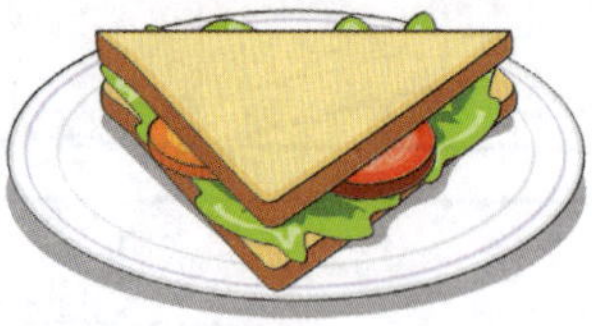 5 REAIS

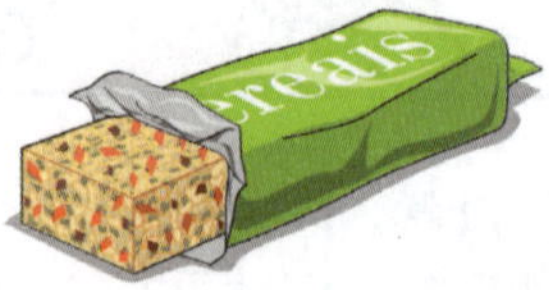

3 REAIS 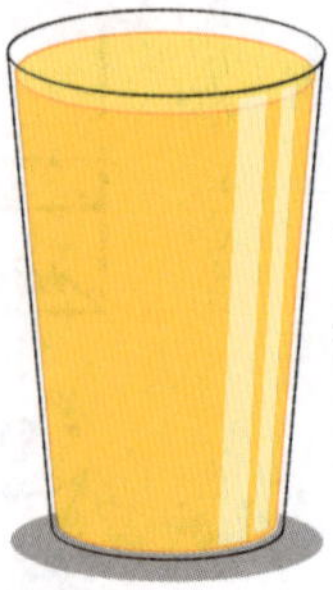 4 REAIS

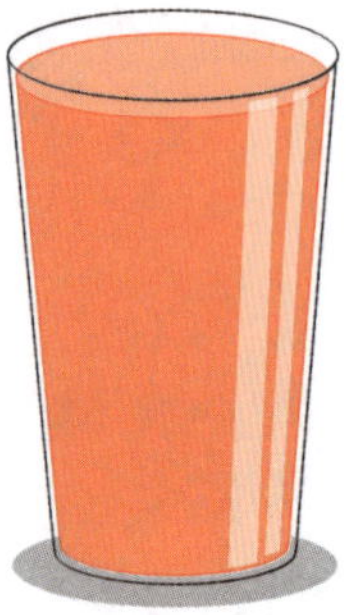

4 REAIS 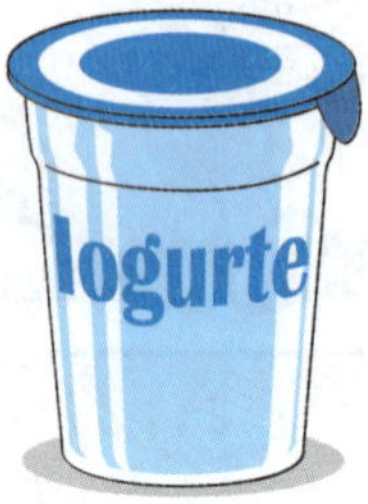 2 REAIS

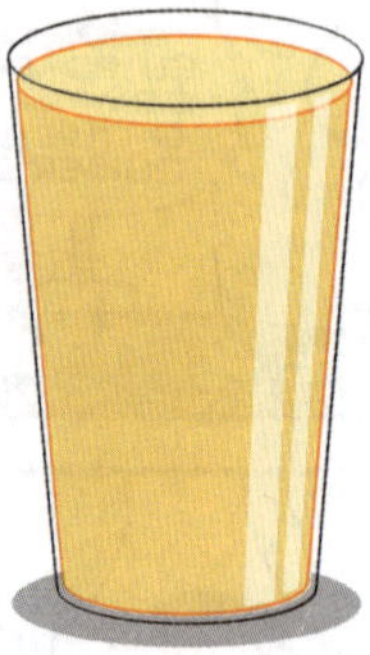

3 REAIS 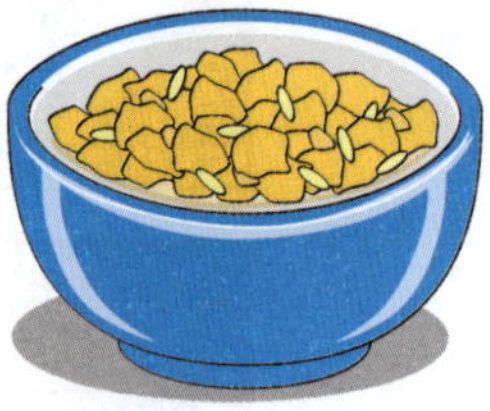 3 REAIS

Faça risquinhos nos quadros para representar o valor de cada alimento. Depois, conte-os e faça um **X** nas duplas de lanches que Cascão poderia comprar com **6** reais.

▼ E você, o que compraria com **6** reais?

▶ CHEIO E VAZIO

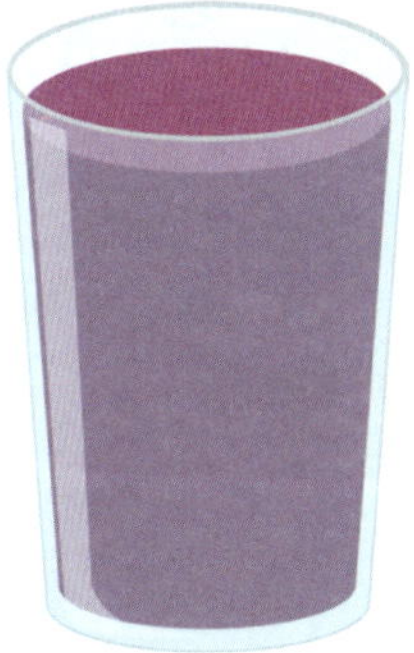

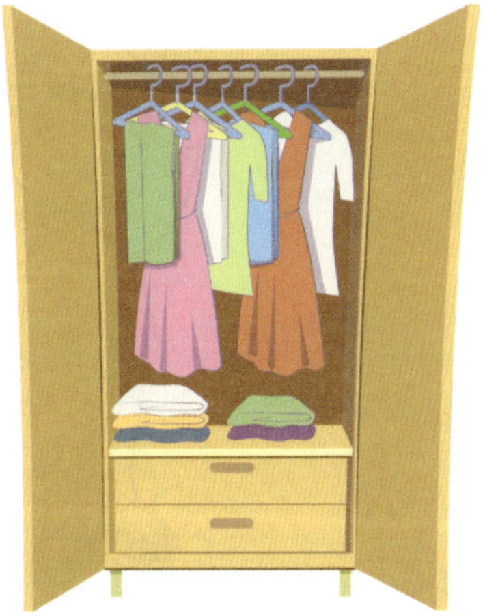

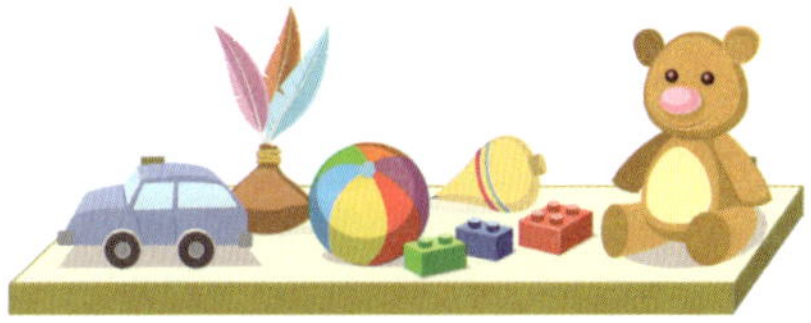

ILUSTRAÇÕES: LUIZ LENTINI

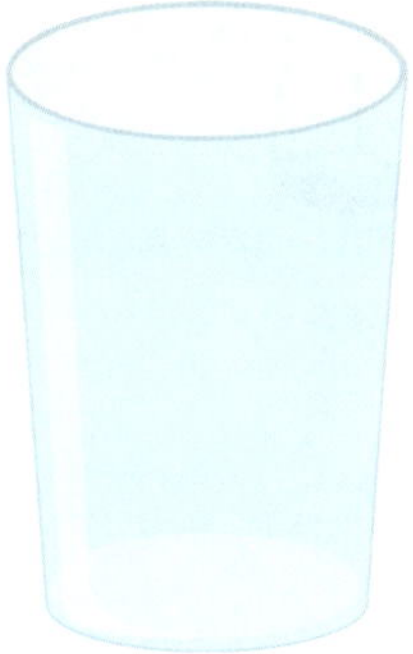

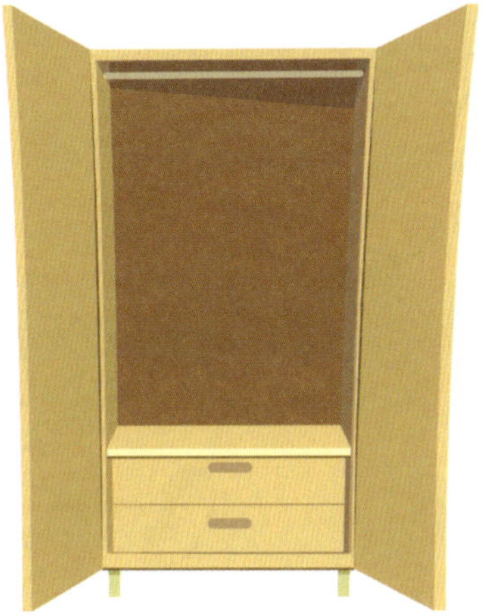

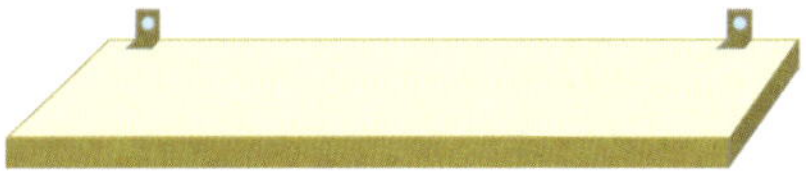

ENTRE TAMANHOS · ENTRE TAMANHOS

TAREFA PARA CASA 6

▶ CHINÊS

CHIN CHAN CHEN

UM, DOIS, TRÊS,
QUATRO, CINCO, SEIS,
OLHA OS OLHOS DO CHINÊS.
O SEU NOME É CHIN CHAN CHEN
VEJA COMO ELE DANÇA BEM!

CANTIGA.

ILUSTRAÇÕES: ANDRÉ VALLE

▼ Você conhece a cantiga do chinês?

Cante-a com o professor e os colegas. Em seguida, pinte as imagens e enumere-as começando pelo número **1**.

Depois, crie com os colegas uma coreografia de dança para essa música e apresentem-na ao professor.

QUANTA GENTE DIFERENTE!

SER DIFERENTE É LEGAL!
ISSO TORNA TODOS NÓS
GENTE MUITO ESPECIAL.

TEM GENTE DE TODOS OS TIPOS
E CORES,
IGUAL ÀS FRUTAS COM SEUS SABORES!

TEXTO ESCRITO ESPECIALMENTE PARA ESTA OBRA.

Leia o poema em voz alta com os colegas e o professor.

▼ Sobre o que trata o texto? Em sua opinião, as pessoas são diferentes umas das outras?

Lembre-se de que devemos sempre respeitar e valorizar a diferença entre as pessoas.

Agora, recorte de jornais e revistas a figura de **6** pessoas e cole-as ao redor do poema. Depois, escreva no quadrinho o número de figuras que você colou.

CONTE, BRINQUE E DIVIRTA-SE

Observe a imagem e converse com os colegas e o professor sobre o que as crianças estão fazendo.

O Você conhece essa brincadeira?

O O que é preciso fazer para saber quem ganha a disputa nessa brincadeira?

Pinte a cena usando giz de cera. Depois, conte as figurinhas de cada criança e marque um **X** na que tem mais figurinhas.

QUAL É A BRINCADEIRA?

MARCOS DE MELLO

▼ O que está faltando para completar a imagem?

▼ Você conhece essa brincadeira? Já brincou disso?

Destaque as figuras da página 153 do encarte e complete a brincadeira com os números que estão faltando.

▼ Quais números você colou?

▶ BRINCANDO COM AS MÃOS

BATE PALMINHA, BATE,
PALMINHA DE SÃO TOMÉ.
BATE PALMINHA, BATE,
PRA QUANDO PAPAI VIER.

CANTIGA.

Cante a música com os colegas e o professor fazendo gestos para acompanhá-la.

▼ Você sabe os nomes dos dedos?

Molhe os dedinhos em tinta e carimbe-os na página.

▼ Quantos dedos você tem em cada mão?

► CONTANDO OS DEDINHOS

DEDO MINDINHO,
SEU VIZINHO,
PAI DE TODOS,
FURA-BOLO,
MATA-PIOLHO.

PARLENDA.

ILUSTRAÇÕES: ESTÚDIO KIWI

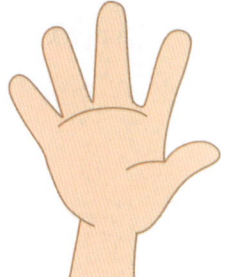   

  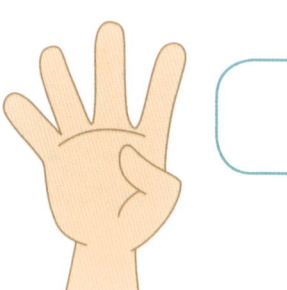

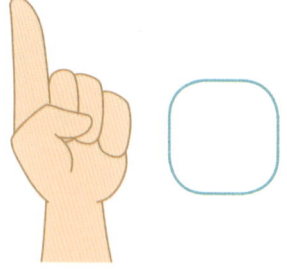

Leia e recite a parlenda com os colegas e o professor. Depois, escreva nos quadrinhos a quantidade de dedos que as mãozinhas estão mostrando.

▼ Que números você escreveu?

▶ ESTA É MINHA MÃOZINHA

MÃO DIREITA ☐   MÃO ESQUERDA ☐

Escolha uma de suas mãos e faça o contorno dela, com canetinha hidrocor, no quadro acima.

▼ Você fez o contorno de qual mão?

Marque um **X** no quadrinho que indica a mão que você escolheu.

▼ Com qual mão você desenha e escreve?

REMA, REMA, REMADOR,
REMA, REMA, REMADOR,
REMA **1**, REMA **2**, REMA **3**,
REMA **4**, REMA **5**, REMA **6**,
REMA **7**, REMA **8**, REMA **9**,
REMA **10**.

PARLENDA.

CLAUDIA MARIANNO

1 ___ ___ ___ 4 ___ ___

___ ___ ___ ___ 10 ___

ILUSTRAÇÕES: HÉLIO SENATORE

▼ Que números você identifica na música?

Escreva nos barquinhos, da maneira que souber, os números que estão faltando para completar a sequência.

Depois, com canetinha hidrocor, circule de **vermelho** o barquinho em que está o número **7** e faça um **X** nos números que são vizinhos a ele.

▼ Quais são os números vizinhos do **7**?

DO TEMPO DO MEU AVÔ...

ACERVO PESSOAL, SÃO PAULO/LUDMILA GUERRA

IVAN CRUZ. **BOLA DE GUDE III**, 2004. ACRÍLICO SOBRE TELA, 40 CM × 30 CM.

▼ Que brincadeira a obra de arte retrata?

▼ Que elementos você identifica na pintura?

Conte, oralmente, o número de crianças e de casas representadas.

Depois, conte com quantas bolinhas **verdes** as crianças estão brincando e faça risquinhos no quadro para representar essa quantidade.

O QUE EU VEJO?

PAZARGIC LIVIU/SHUTTERSTOCK.COM

2XSAMARA.COM/SHUTTERSTOCK.COM

AFRICA STUDIO/SHUTTERSTOCK.COM

OJO/ISTOCKPHOTO.COM

▼ Quais brincadeiras aparecem nas imagens?
Converse sobre elas com os colegas e o professor.

▼ Quantas crianças estão brincando em cada cena?
Escreva nos quadrinhos, da maneira que souber, o número que mostra a quantidade de crianças em cada brincadeira.

▼ Em qual brincadeira há mais crianças?

MAIS QUE NÚMEROS · MAIS QUE NÚMEROS · MAIS QUE NÚMEROS

A BARATA

A BARATA DIZ QUE TEM
SETE SAIAS DE FILÓ.
É MENTIRA DA BARATA,
ELA TEM É UMA SÓ.
AH! AH! AH! OH! OH! OH!
ELA TEM É UMA SÓ!

A BARATA DIZ QUE TEM
UMA CAMA DE MARFIM.
É MENTIRA DA BARATA,
ELA TEM É DE CAPIM.
AH! AH! AH! OH! OH! OH!
ELA TEM É DE CAPIM!

A BARATA DIZ QUE TEM
UM SAPATO DE FIVELA.
É MENTIRA DA BARATA,
O SAPATO É DA MÃE DELA.
AH! AH! AH! OH! OH! OH!
O SAPATO É DA MÃE DELA!

CANTIGA.

PAULA KRANZ

▼ Você conhece a música da barata mentirosa?
Cante a música enquanto brinca de roda com os colegas.
▼ Que números foram citados na letra da música?
Repita-os em voz alta.

▶ SETE SAIAS DE FILÓ

SETE

PAULA KRANZ

▼ Quantas saias a barata disse que tem?

Destaque as saias da página 155 do encarte, escolha **7** delas e cole-as perto da baratinha.

Destaque também a página 181 do encarte e cubra o número **7** com cola colorida. Depois, cole **7** retalhos de tecido na página para representar essa quantidade.

▶ VAMOS JOGAR?

RODRIGO ARRAYA

PISTA 1 **PISTA 2**

▼ Você sabe o nome desse jogo?

Observe a cena e pinte apenas os pinos que foram derrubados em cada pista. Depois, conte-os e escreva o número correspondente no quadrinho embaixo de cada pista.

▼ Em qual pista há mais pinos derrubados?

CONTANDO OS PONTOS

ILUSTRAÇÕES: RODRIGO ARRAYA

E =

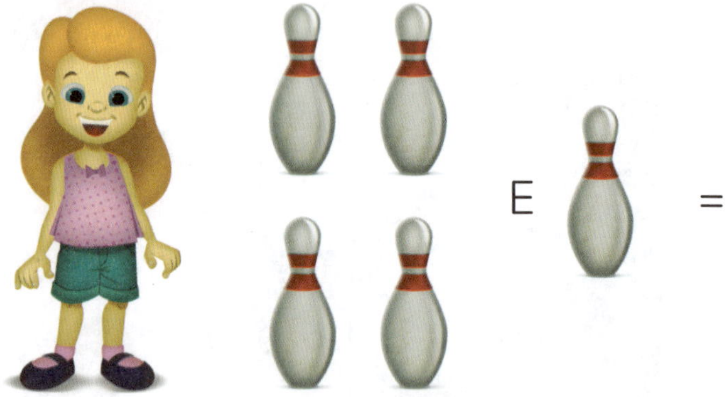

E =

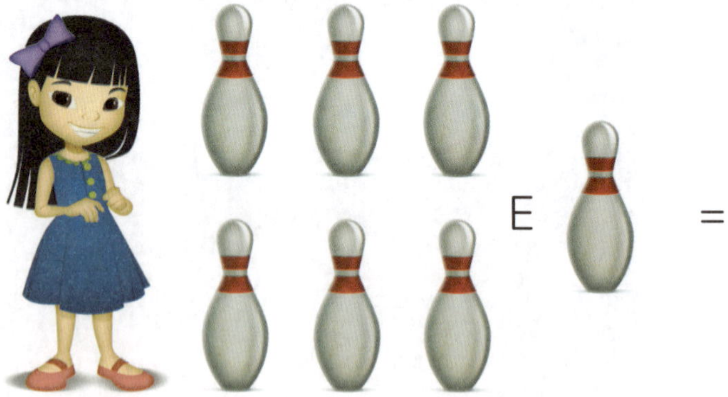

E =

Observe as jogadas de cada criança e desenhe nos quadrinhos a quantidade total de pinos que cada uma derrubou.

▼ Você sabe o que é um *strike*?

▶ CONTAR, CONTAR E CONTAR

ILUSTRAÇÕES: HÉLIO SENATORE

ESCOLAR   ESCOLAR

Fique esperto para não errar!

▼ Quantas rodas você vê em cada brinquedo?

Conte as rodas dos brinquedos e registre as quantidades fazendo bolinhas para representá-las.

▶ QUANTAS FORMAS!

(quadrado laranja)	
 (triângulo verde)	
(círculo azul)	
(retângulo roxo)	

▼ Você sabe o nome dessas formas geométricas?

Destaque as figuras da página 155 do encarte e cole-as nos quadros correspondentes à forma com que se parecem.

▼ Você conhece outros objetos que têm forma semelhante a uma dessas?

TAREFA PARA CASA 7

▶ **TANGRAM**

TANGRAM É UM QUEBRA-CABEÇA CRIADO PELOS CHINESES HÁ MUITO TEMPO. ELE É FORMADO POR **7** PEÇAS.

▼ Você já brincou com Tangram?
Observe as formas geométricas que o compõem e complete a legenda indicando a quantidade de cada uma delas.

MONTANDO FIGURAS COM O TANGRAM

ILUSTRAÇÕES: DAE

Com o Tangram podemos formar muitas figuras. Destaque as peças da página 165 do encarte e tente montar as imagens acima.

▼ Que tal inventar novas figuras com essas peças?

Brinque com os colegas! Depois, guarde o Tangram em um envelope para que você possa se divertir com ele outras vezes.

▶ VOCÊ JÁ BRINCOU DE DOMINÓ?

RODRIGO ARRAYA

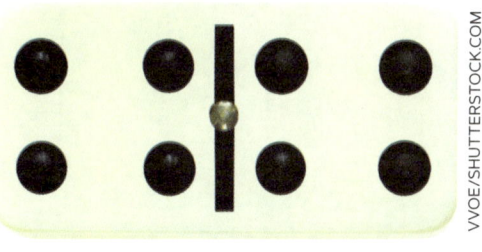

VVOE/SHUTTERSTOCK.COM

Conte quantas bolinhas a peça em destaque tem de cada lado e registre os números correspondentes.

▼ Quantas bolinhas teremos se juntarmos as duas quantidades?

Junte palitos de sorvete nas quantidades indicadas para descobrir a resposta.

▼ Que número você descobriu?

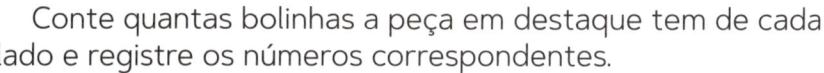

▶ CONTANDO OS PONTOS

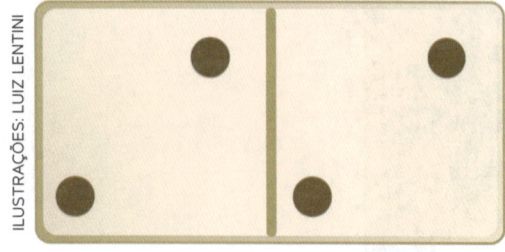

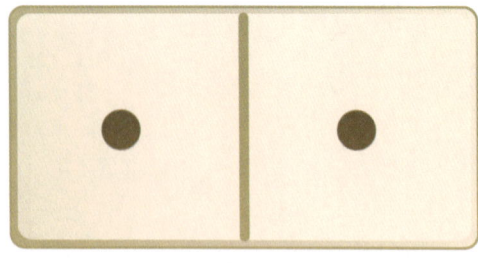

▼ Quantos pontos estão indicados em cada peça?

Conte as bolinhas de cada peça do dominó, depois ligue a peça ao número correspondente.

Destaque a página 183 do encarte e cubra o número **8** com cola colorida. Depois, cole **8** unidades de macarrão cru na página para representar essa quantidade.

▶ O QUÊ? BILBOQUÊ?

MATERIAL:

EDSON ANTUNES

MODO DE FAZER

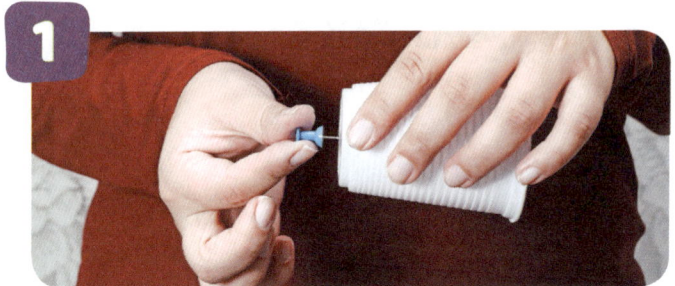

1 COM A AJUDA DO PROFESSOR, FURE O FUNDO DO COPO.

2 PASSE O BARBANTE PELO FURO E DÊ UM NÓ GRANDE NA PONTA DELE PARA NÃO ESCAPAR PELO BURACO.

3 AMASSE A FOLHA DE JORNAL, FAZENDO UMA BOLINHA, E PASSE A FITA-CREPE EM VOLTA DELA.

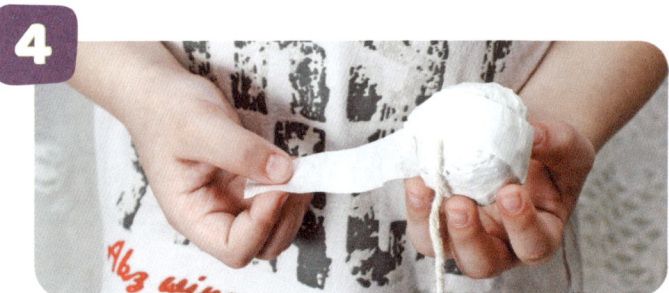

4 PEGUE A PONTA SOLTA DO BARBANTE E PRENDA-O NA BOLINHA COM FITA--CREPE. O BILBOQUÊ ESTÁ PRONTO!

IMAGENS: EDSON ANTUNES

▼ Você sabe o que é um bilboquê?
Com a ajuda do professor, leia as instruções para fazer esse brinquedo.

▶ BRINCANDO COM O BILBOQUÊ

O OBJETIVO DA BRINCADEIRA É ENCAIXAR A BOLINHA DENTRO DO COPO APENAS LANÇANDO A BOLA PARA CIMA, SEM A AJUDA DA MÃO QUE ESTÁ LIVRE, OU SEJA, SOMENTE COM UMA MÃO.

EDSON ANTUNES

EU	MEU COLEGA

Junte-se a um colega e brinquem com o bilboquê.

▼ Quantas vezes você conseguiu colocar a bolinha dentro do copo?

▼ E seu colega, quantas vezes alcançou esse objetivo?

Faça bolinhas nos quadros para representar a quantidade de vezes que cada um acertou. Depois, escreva os números correspondentes nos quadrinhos.

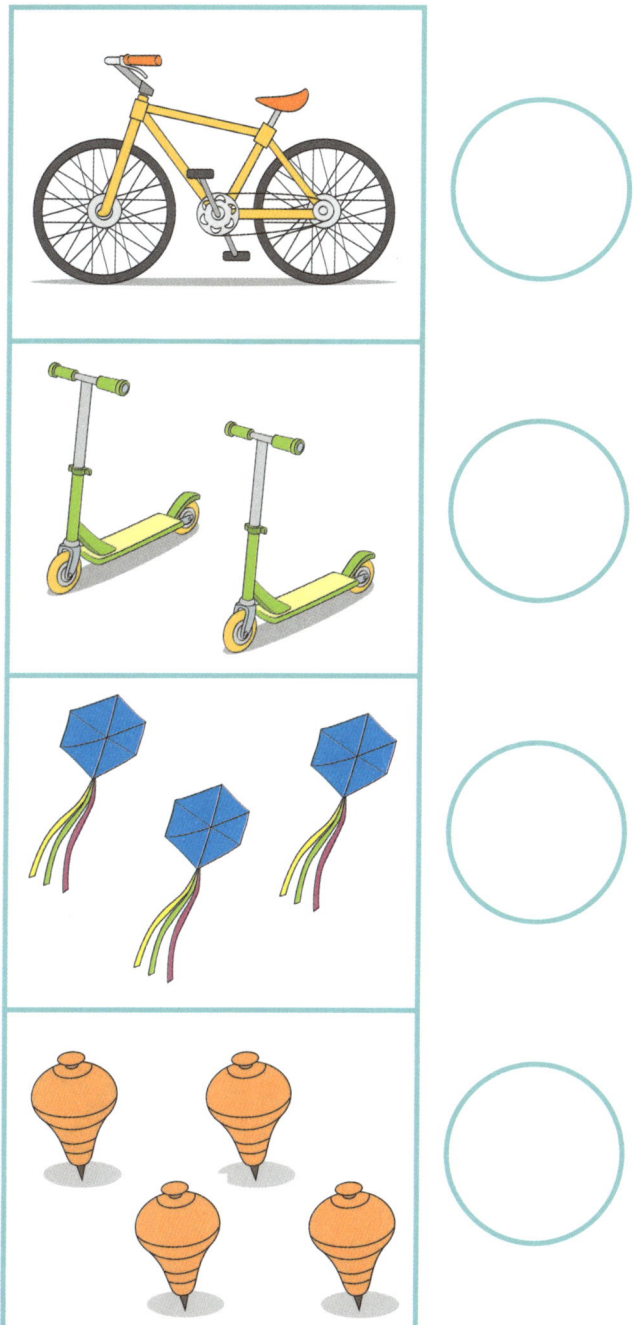

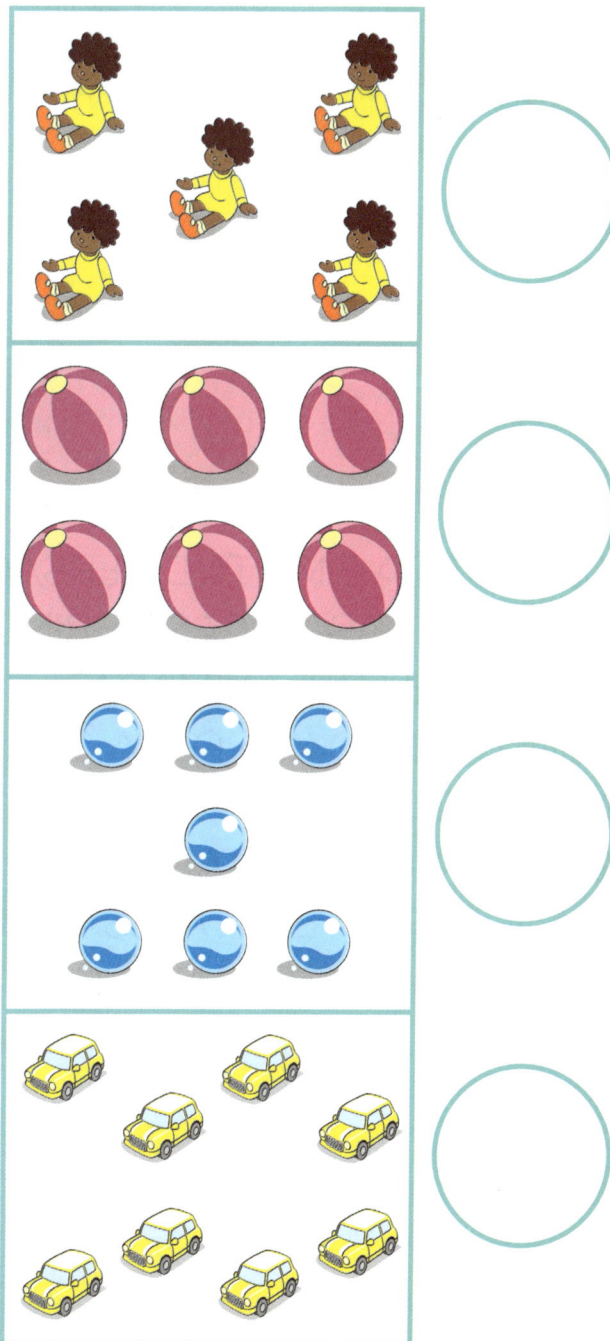

ILUSTRAÇÕES: HÉLIO SENATORE

▼ Que brinquedos você observa nas imagens?

▼ Qual deles há em maior quantidade?

Destaque os números da página 153 do encarte e cole-os nos espaços de acordo com as quantidades.

Depois, conte de **1** a **8** em **ordem crescente**, ou seja, do **menor** para o **maior**.

MAIS QUE NÚMEROS · MAIS QUE NÚMEROS · MAIS QUE NÚMEROS

É DIA DE FESTA!

TEM DANÇA E MUITA DIVERSÃO,
TEM COMIDAS TÍPICAS E BRINCADEIRAS.
A QUADRILHA É ANIMADA,
TODO MUNDO DE ROUPA QUADRICULADA.
NESSA FESTA,
SÓ NÃO PODE SOLTAR BALÃO.
E A FOGUEIRA ESTÁ ACESA
ILUMINANDO O CÉU NA NOITE DE SÃO JOÃO.

○ Você gosta de festa?

○ Quais festas você conhece?
Ouça as dicas que o professor lerá e descubra de qual festa ele está falando. Depois, destaque as fotografias das páginas 157 e 159 do encarte e cole-as nos respectivos espaços.

○ Quais festas você descobriu?

TEM BOLO E
TEM DOCINHOS.
TEM DE ASSOPRAR A VELINHA,
E CANTAR PARABÉNS PARA VOCÊ.
QUE FESTA É?

É FESTA DE ANIVERSÁRIO

ILUSTRA CARTOON

▼ Você gosta de festas de aniversário?

Complete a cena desenhando um chapeuzinho de festa na cabeça das crianças que estão sem ele.

Depois, descubra a idade da aniversariante contando os dedos da mão que ela está mostrando e desenhe no bolo a quantidade de velas necessária para representar a idade dela.

▼ Quantos anos ela está fazendo?

▶ ANIVERSÁRIO DA MAGALI

![Capa da revista Magali nº 5]

MAURICIO DE SOUSA PRODUÇÕES LTDA.

MAURICIO DE SOUSA. **MAGALI**. SÃO PAULO: PANINI, N. 5, 2007.

▼ Quem são os personagens que aparecem na capa do gibi?

▼ Quantas velinhas há no bolo?

▼ Como podemos identificar a aniversariante?

Conte as velinhas que estão no bolo e escreva o número no quadrinho.

TAREFA PARA CASA 9

▶ UMA DATA ESPECIAL

1	2	3	4	5	6	7
8	9	10	11	12	13	14
15	16	17	18	19	20	21
22	23	24	25	26	27	28
29	30	31				

HENRIQUE BRUM

▼ Você sabe o dia e o mês que você faz aniversário?

Com a ajuda do professor, marque um **X** no dia de seu aniversário. Depois, escreva o nome do mês.

MAIS QUE NÚMEROS • MAIS QUE NÚMEROS • MAIS QUE NÚMEROS

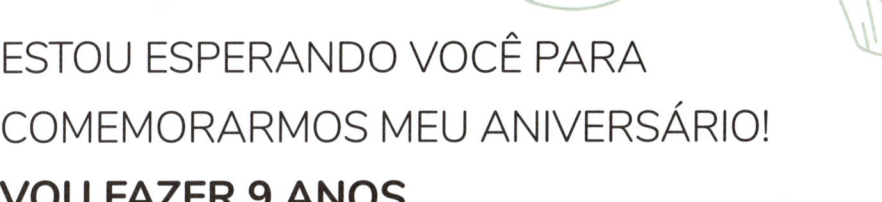

CONVITE

DE: MATEUS

PARA: BÁRBARA

ESTOU ESPERANDO VOCÊ PARA
COMEMORARMOS MEU ANIVERSÁRIO!
VOU FAZER 9 ANOS.

DATA: 23 DE SETEMBRO

HORÁRIO: 16 HORAS

LOCAL: SALÃO DE FESTAS DO MEU PRÉDIO

HENRIQUE BRUM

Com a ajuda do professor, leia o convite prestando atenção às informações.

▼ De quem é o aniversário? Quantos anos ele vai fazer?

Represente a idade de Mateus desenhando velinhas no quadro.

Destaque a página 185 do encarte e cubra o número **9** com cola colorida.
Depois, cole **9** grãos de milho na página para representar essa quantidade.

BALÕES PARA ALEGRAR A FESTA

6

9

Destaque os balões da página 157 do encarte e cole-os nos quadros de acordo com as cores e quantidades indicadas.

▼ Você já foi a alguma festa de aniversário em que havia balões como esses?

▼ O que precisamos fazer para encher balões?

QUANTOS CHAPEUZINHOS SÃO?

ILUSTRAÇÕES: HÉLIO SENATORE

Cubra os pontilhados para completar os chapeuzinhos e pinte-os.

▼ Quantos chapeuzinhos você pintou?

Conte-os e escreva no quadro, da maneira que souber, o número que corresponde a essa quantidade.

QUE DELÍCIA!

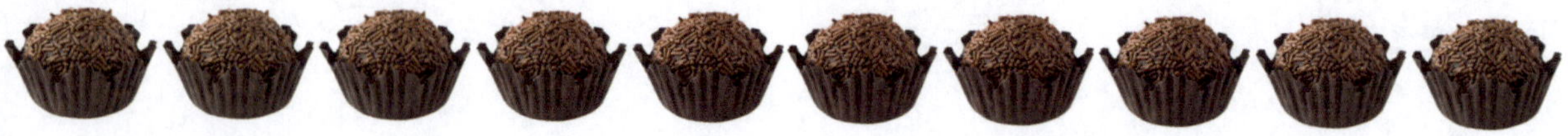

10

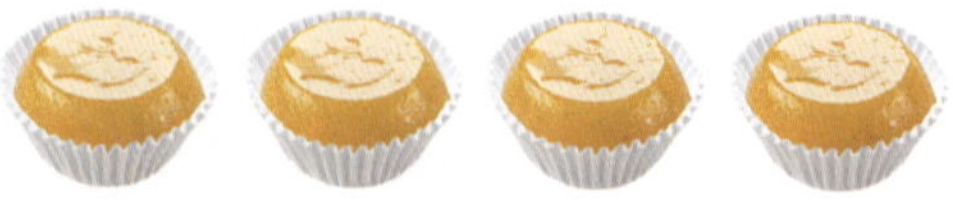

Conte os brigadeiros e observe no quadro o número que representa a quantidade deles. Depois, conte cada grupo de docinhos e escreva o número correspondente no quadro.

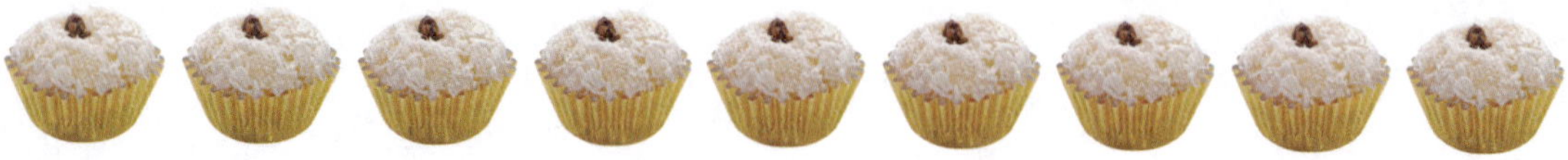

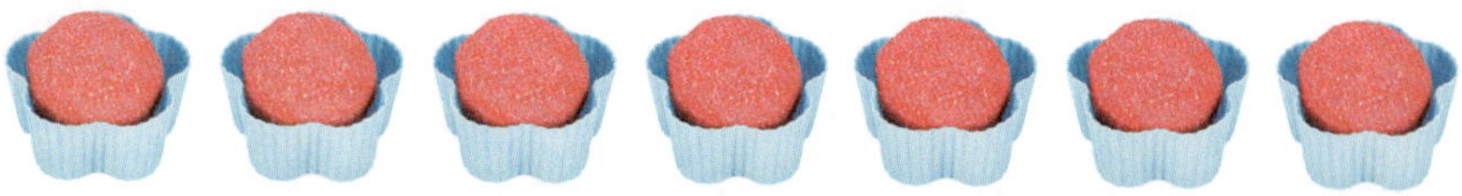

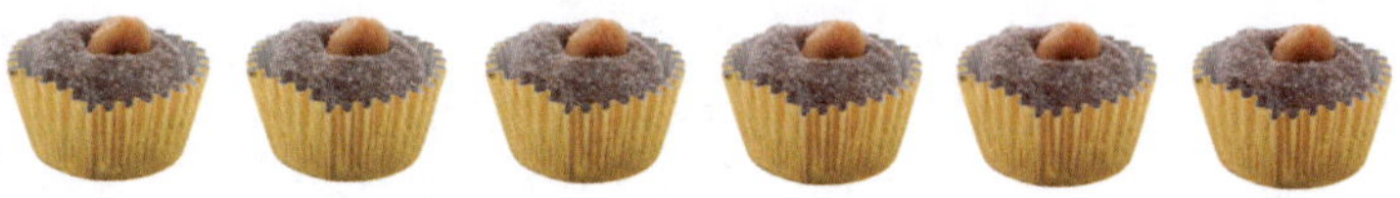

Destaque a página 187 do encarte e cubra o número **10** com cola colorida. Depois, cole **10** pedaços de papel de presente na página para representar essa quantidade.

QUAL É A FESTA?

Bandeirinhas numeradas: 1 2 3 5 7 8 9 10

CAI, CAI, BALÃO

CAI, CAI, BALÃO,
CAI, CAI, BALÃO,
AQUI NA MINHA MÃO.
NÃO CAI, NÃO,
NÃO CAI, NÃO,
NÃO CAI, NÃO,
CAI NA RUA DO SABÃO.

CANTIGA.

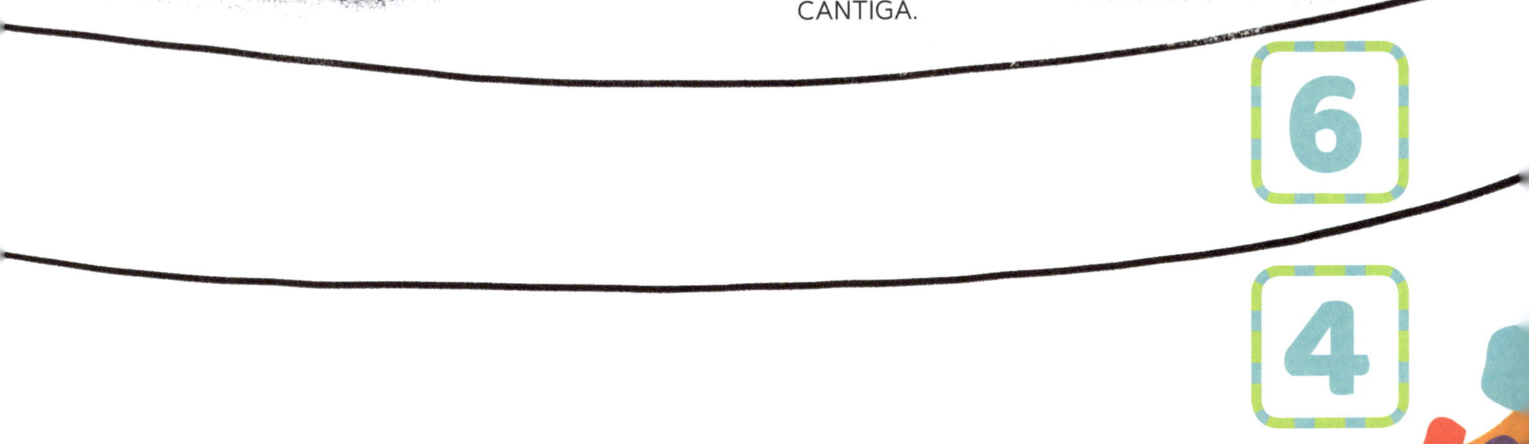

CLAUDIA MARIANNO

6

4

▼ Qual é o nome da festa retratada?
▼ Você gosta desse tipo de festa?

Cante a cantiga com os colegas e o professor e faça gestos para acompanhá-la. Em seguida, complete a sequência de bandeirinhas com os números que faltam.

Por fim, desenhe bandeirinhas nos fios conforme a quantidade indicada.

MAIS QUE NÚMEROS • MAIS QUE NÚMEROS •

MITANGA MUSICAL • MITANGA MUSICAL •

BANDEIRINHAS DE FESTA JUNINA

ARACY BOULCALT.
FESTA JUNINA, 2018.
ACRÍLICA SOBRE TELA,
50 CM × 40 CM.

▼ O que está retratado na obra de arte?

▼ Onde costumamos ver enfeites de bandeirinhas?

▼ Que cores a artista usou?

Observe as bandeirinhas penduradas nesta página e pinte-as completando as sequências de cores indicadas.

▶ A DANÇA VAI COMEÇAR!

MAURICIO DE SOUSA PRODUÇÕES LTDA.

PARES ☐

CRIANÇAS ☐

▼ Você já dançou quadrilha?

Observe a capa do gibi e conte os pares de crianças que participam da quadrilha. Depois, escreva nos quadros o número de pares e o número total de crianças.

▼ Quantos pares você descobriu?

▼ Na quadrilha, quem está fazendo par com quem?

▶ LIGUE OS PONTOS

3 •

4 •

• 5

LUIZ LENTINI

2 •

• 6

• 9

10 •

8 •

1 •

• 7

Ligue os pontos na ordem crescente dos números: do menor para o maior.

▼ Que figura você formou?

Use giz de lousa para colorir o desenho.

▶ CONTE E PINTE

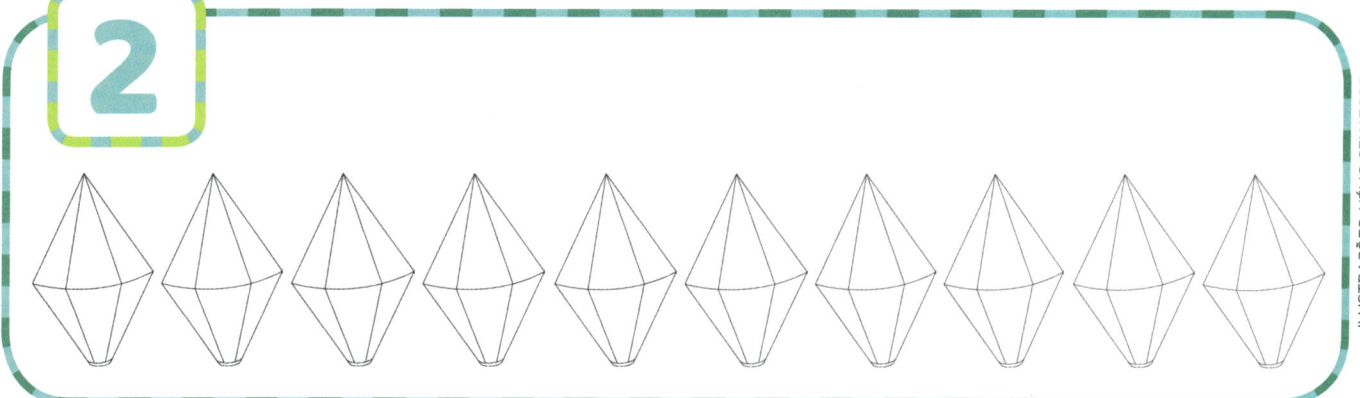

2

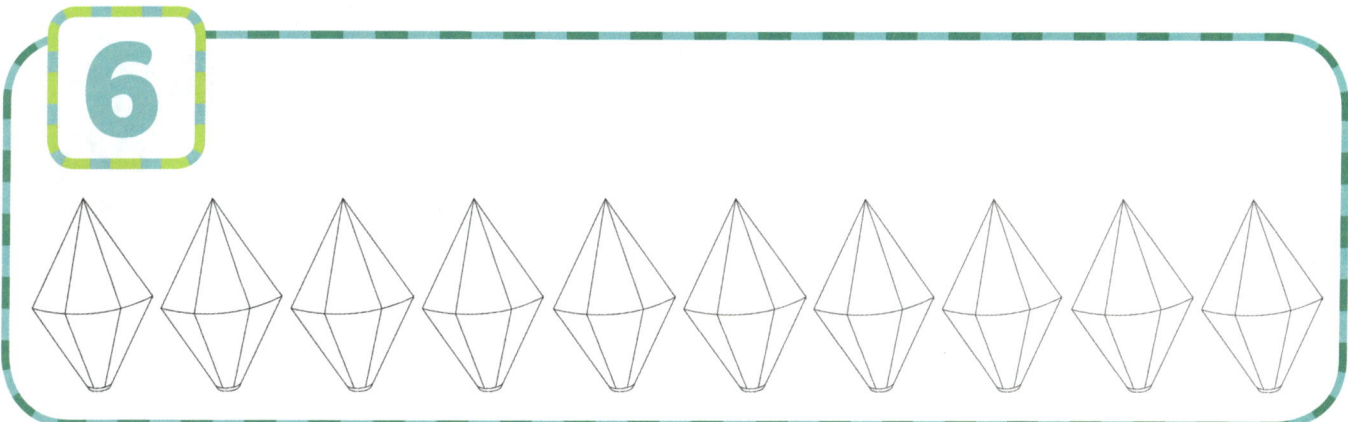

6

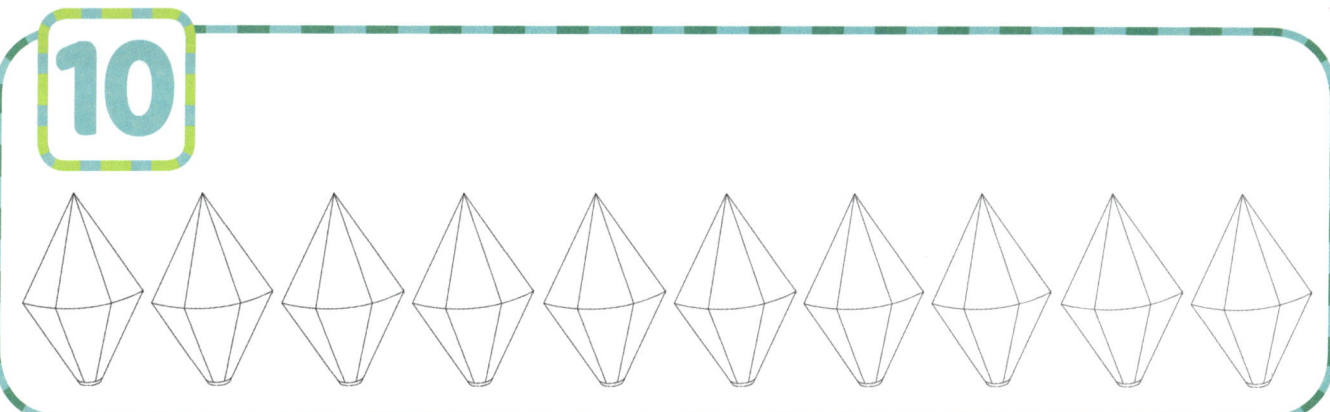

10

ILUSTRAÇÕES: HÉLIO SENATORE

▼ Quantos balõezinhos há em cada
sequência?

Pinte a quantidade de balõezinhos
indicada em cada quadro.

PESCARIA

MENINO DE
CAMISA **AZUL**

MENINO DE
CAMISA **VERDE**

As crianças estão se divertindo na barraca de pesca. Circule de **verde** o menino que está do lado **direito** da página e de **azul** o menino que está do lado **esquerdo**.

▼ Qual é o resultado da pescaria até agora?

Escreva nos quadrinhos a quantidade de peixes que cada menino já pescou. Depois, marque um **X** no que conseguiu **mais** peixes.

JOGO DA ARGOLA

HENRIQUE BRUM

▼ Você já brincou de "jogo de argola"?

Para saber os pontos de cada criança, conte as argolas de cada cor e faça risquinhos para representar essa quantidade. Depois, escreva os números correspondentes nos quadrinhos.

▼ Quem fez **menos** pontos?

Circule na cena a criança que marcou **menos** pontos.

AS COMIDAS DA FESTA

ILUSTRAÇÕES: HÉLIO SENATORE

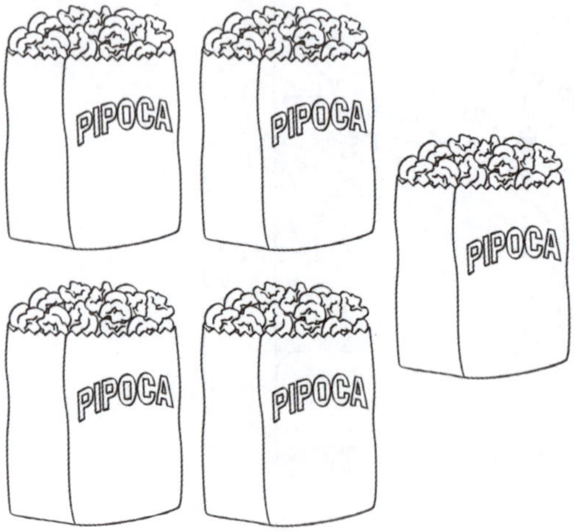

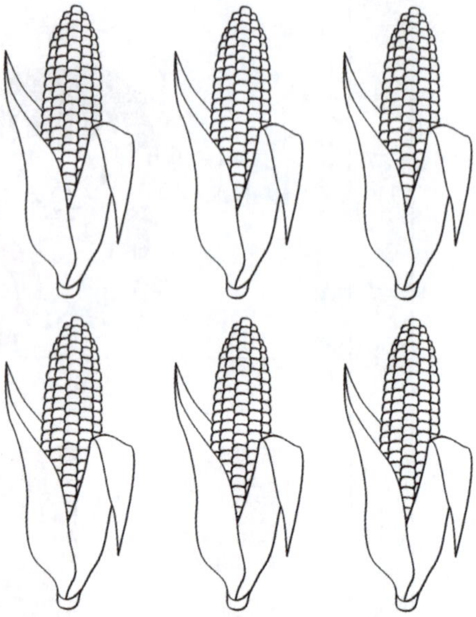

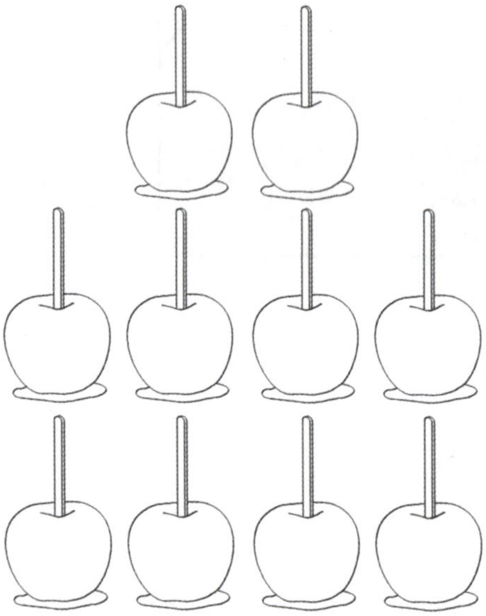

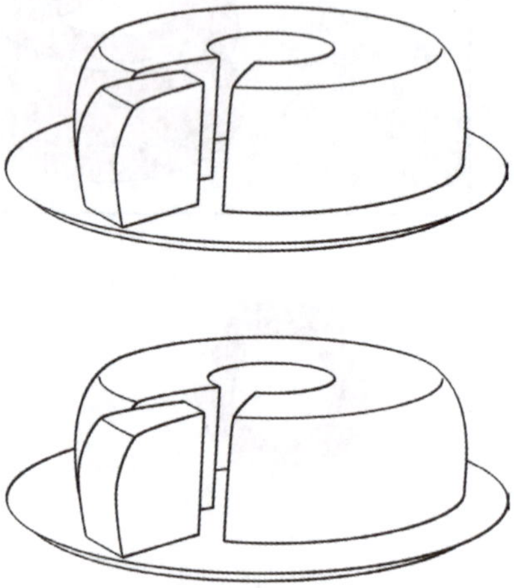

▼ Você gosta das comidas típicas de Festas Juninas?

▼ Quantos elementos há em cada grupo?

Conte os elementos, pinte-os e escreva nos quadrinhos o número que representa cada quantidade. Depois, circule o grupo que tem **10** elementos.

SER CIDADÃO

▶ FESTAS JUNINAS

CONSTÂNCIA NERY. **FESTA JUNINA**, 2007. ÓLEO SOBRE TELA, 50 CM × 70 CM.

GALERIA JACQUES ARDIES, SÃO PAULO

AS FESTAS JUNINAS FAZEM PARTE DA CULTURA POPULAR BRASILEIRA E NÃO SE CARACTERIZAM APENAS POR DANÇAS, MÚSICAS, COMIDAS, DECORAÇÕES, TRAJES ETC., MAS, PRINCIPALMENTE, POR REPRESENTAR E VALORIZAR OS COSTUMES DAS PESSOAS DO CAMPO.

▼ Você já participou de festas populares?

▼ Você conhece as crenças e as tradições dessas festas?

Converse com os colegas e o professor sobre o respeito que devemos ter pelas crenças e pelos costumes das outras pessoas.

VAMOS PRATICAR ESPORTES?

Praticar esportes faz bem à saúde!

○ Você pratica algum esporte?
Destaque da página 159 do encarte as partes que completam a cena e descubra o esporte que cada grupo está praticando.

○ Quais esportes estão sendo praticados?
Escreva nos quadros, da maneira que souber, o nome de cada esporte representado.

ALEXANDRE MATOS

▶ CORRENDO ATRÁS DA BOLA

DESDE QUE O MUNDO É MUNDO, O HOMEM NÃO PODE VER UMA BOLA QUE LOGO SAI CORRENDO ATRÁS. É INCRÍVEL COMO A GORDUCHINHA CONQUISTOU TANTA GENTE NO MUNDO TODO.

MAURICIO DE SOUSA. **MANUAL DE ESPORTES DO CASCÃO**. SÃO PAULO: GLOBO, 1997. P. 8.

MAURICIO DE SOUSA PRODUÇÕES LTDA.

☐ BOLAS

Cascão está se divertindo com os amigos.

▼ Quantas bolas aparecem na imagem?

Conte a quantidade de bolas e registre o número no quadrinho.

BOLA AO GOL

A BOLA ROLOU E BATEU NA TRAVE.

O CHUTE NA BOLA CAUSOU FALTA GRAVE.

PASSES DE PÉ EM PÉ EMPURRAM A BOLA AO GOL E A TORCIDA GRITA "OLÉ".

ILUSTRAÇÕES: ANDRÉ VALLE

▼ Você gosta de futebol?

Observe os caminhos percorridos pela bola e cubra os tracejados com canetinha hidrocor.

Depois, marque um **X** na cena em que o jogador conseguiu fazer o gol.

ILUSTRA CARTOON

5 × 3

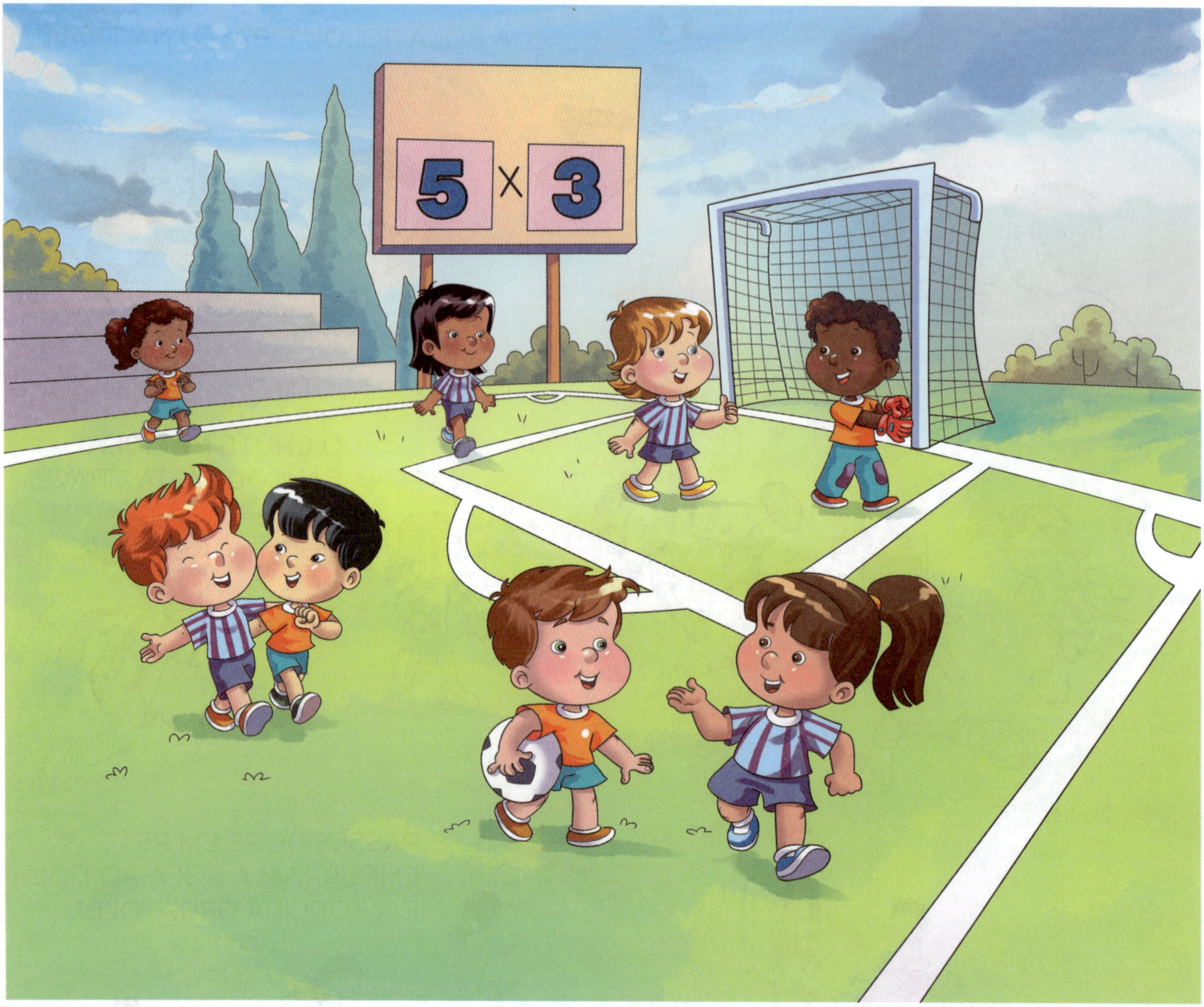

▼ Você já jogou futebol?

▼ Sabe algumas regras desse esporte?

Observe o placar final do jogo.

▼ Você sabe quantos gols foram feitos durante a partida?

Represente a quantidade de gols das equipes fazendo risquinhos e, depois, conte-os para descobrir o total de gols. Registre o número no quadrinho.

▶ 11 JOGADORES JOGANDO PELO BRASIL

▼ Quantos jogadores de cada time participam de uma partida de futebol de campo?

Destaque as camisas da página 167 do encarte e cole apenas a quantidade certa para formar o time do Brasil.

▼ Quantas camisas você colou?

▼ Que cores aparecem na camisa do Brasil?

A BANDEIRA NAS COMPETIÇÕES

DAE

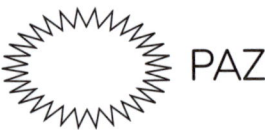 PAZ

 RIOS

 RIQUEZAS

 MATAS

ILUSTRAÇÕES: HÉLIO SENATORE

Destaque as figuras da página 167 do encarte e monte a Bandeira Nacional de acordo com o modelo.

▼ Que formas geométricas aparecem na Bandeira Nacional?
Descubra-as com a ajuda do professor.

▼ Você sabe o que significam as cores da bandeira?
Ouça a leitura do professor e ligue cada cor à figura que a representa.

ALÉM DAS FORMAS

ESPORTES E SUAS FERRAMENTAS

SYDA PRODUCTIONS/SHUTTERSTOCK.COM

SUSSE_N/SHUTTERSTOCK.COM

RONNIE CHUA/SHUTTERSTOCK.COM

TÊNIS

TÊNIS DE MESA

TÊNIS DE PRAIA

▼ Você sabe a quais esportes esses instrumentos pertencem?

Ligue cada instrumento ao nome do esporte a que pertence. Depois, circule com lápis de cor **azul** a raquete **menor** e marque um **X** na raquete **maior**.

▼ Qual é seu esporte preferido?

Escreva o nome dele no quadro da maneira que souber.

ENTRE TAMANHOS • ENTRE TAMANHOS

▶ É PRECISO QUANTOS ATLETAS EM CADA ESPORTE?

BASQUETE

  E  =  5

FUTEBOL

  E  =  ( )

VÔLEI

  E  =   ( )

HANDEBOL

   E  =   ( )

▼ Quantos atletas há em cada time?

Junte as quantidades, conte os jogadores de cada esporte e registre o número no quadrinho. Observe o exemplo.

▶ SURFANDO NAS ONDAS DO MAR

CHEGUEI NA PRAIA, OLHEI PRO MAR, ENTREI NO MAR
ENTREI NO MAR, OLHEI PRA ONDA, ENTREI NA ONDA
ENTREI NA ONDA E FIZ A ONDA ATÉ A AREIA
ENTREI NA ONDA QUE CORRE NA MINHA ALDEIA.

GABRIEL, O PENSADOR. **SURFISTA SOLITÁRIO**, 2012.

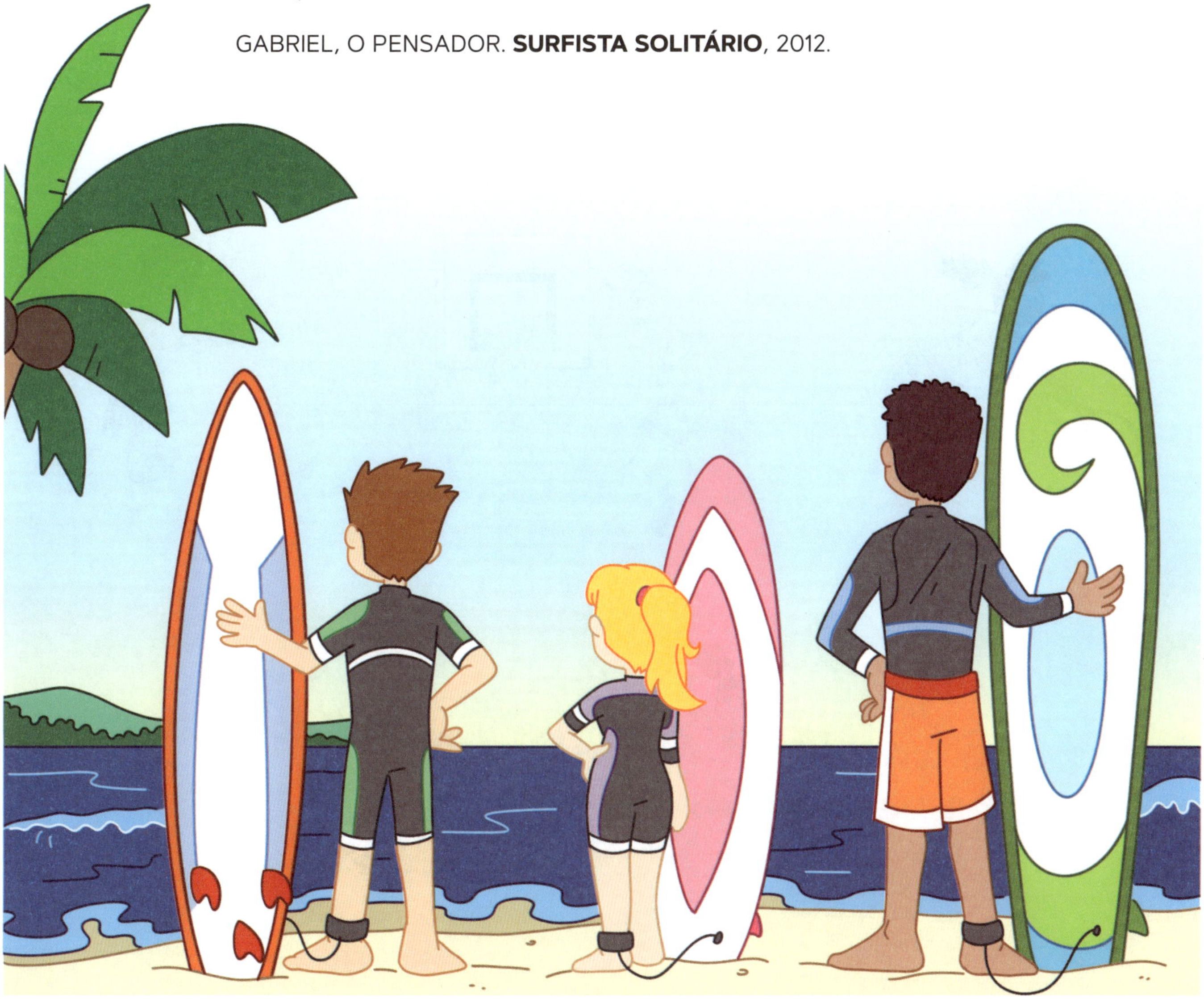

HENRIQUE BRUM

▼ Que esporte essas pessoas praticam?
Marque um **X** no surfista mais **alto** e circule o mais **baixo**.

TAREFA PARA CASA 11

▶ PRATICANDO ESPORTES

ILUSTRAÇÕES: HENRIQUE BRUM

▼ Você conhece algum desses esportes?

Com lápis de cor **azul**, agrupe os esportes que são praticados na água; com o lápis **verde**, os esportes que utilizam bola; e, com o **vermelho**, os esportes do atletismo.

▼ Quantos grupos você formou?

CORRIDA DE CARROS

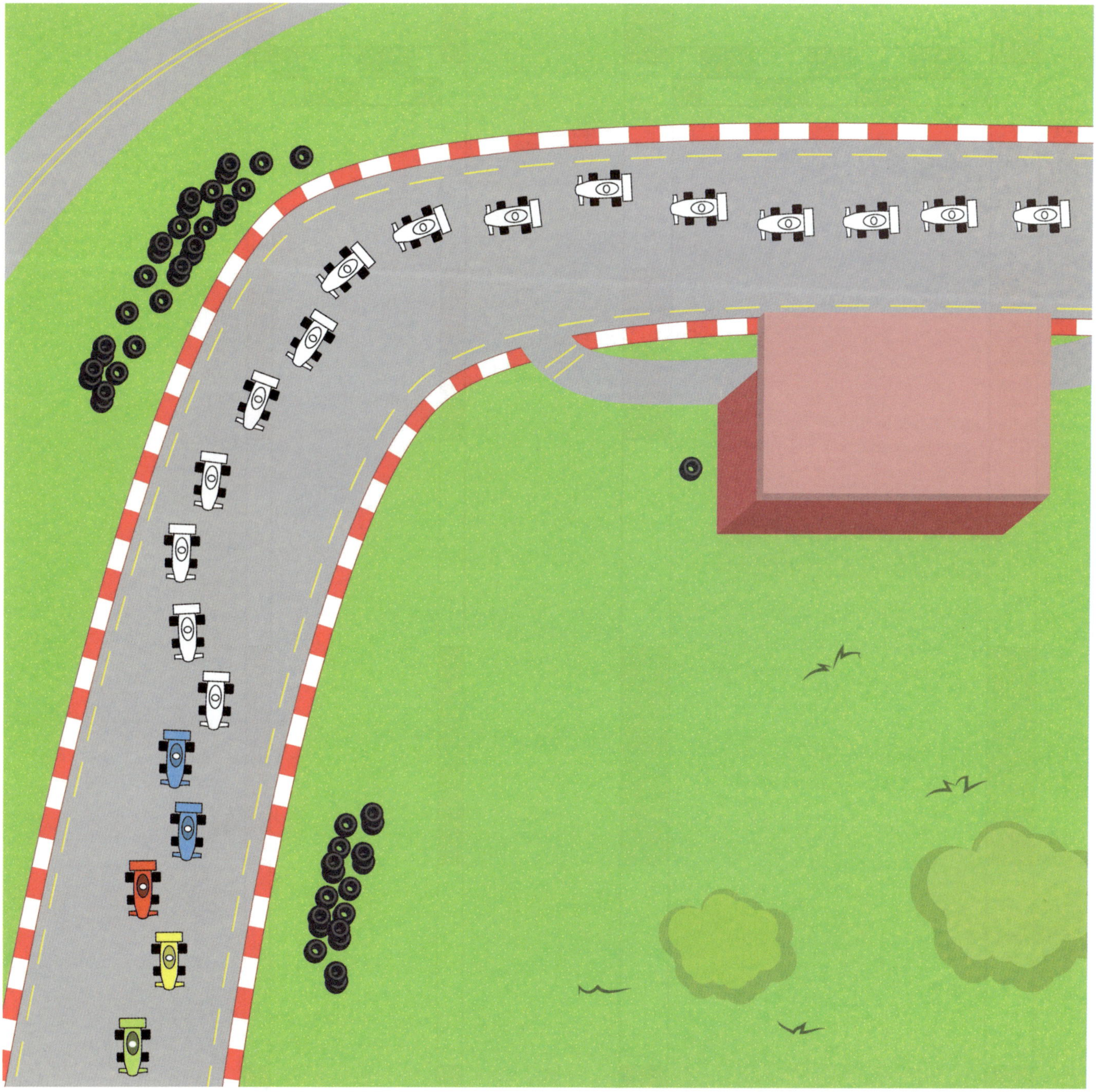
LUIZ LENTINI

Competir pilotando carros de corrida também é um esporte.

Observe os carros na pista e continue a sequência de cores pintando-os com lápis de cor.

▼ Você já assistiu a uma corrida de carros?

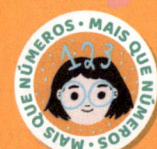

ESTREITO E LARGO

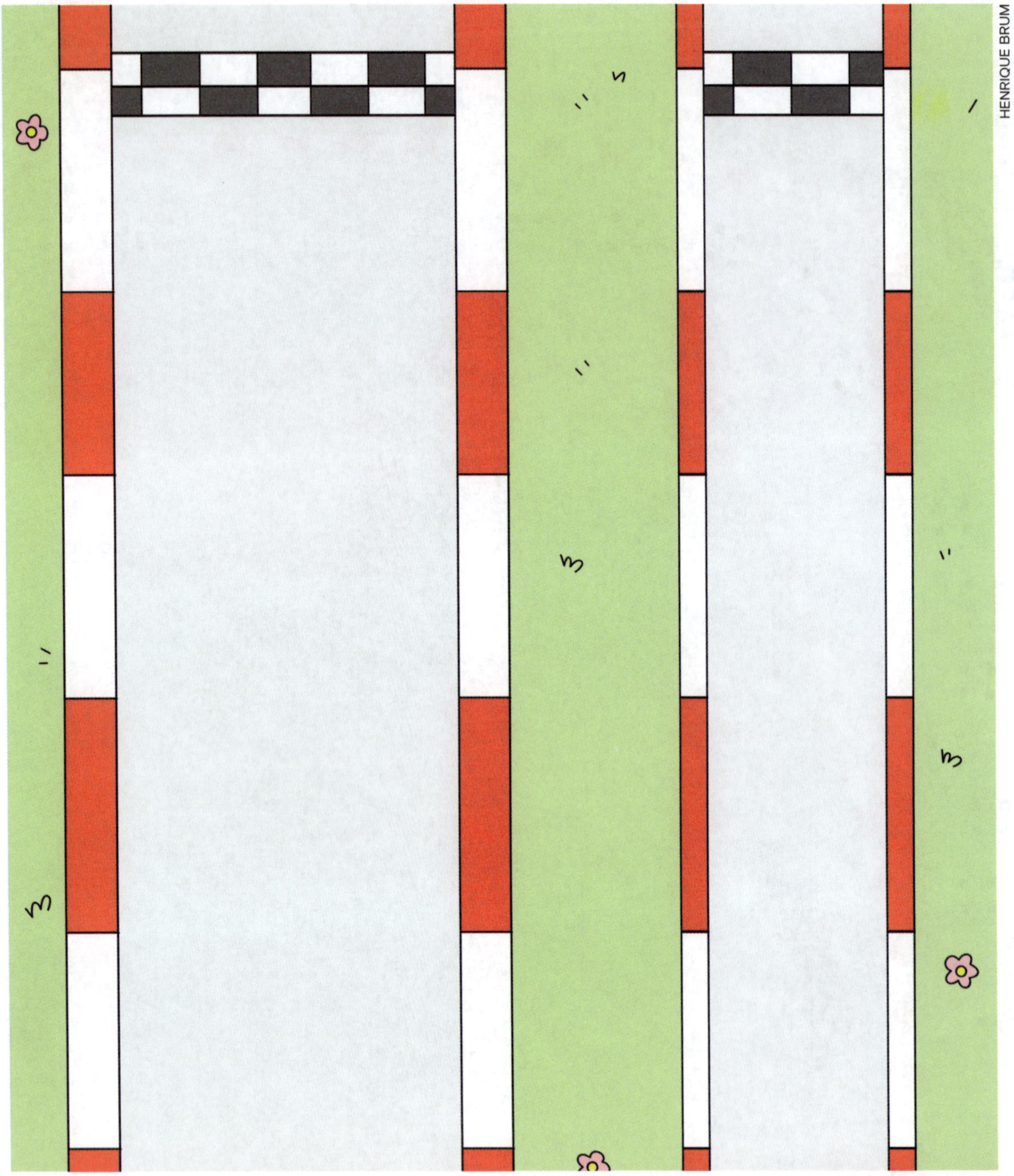

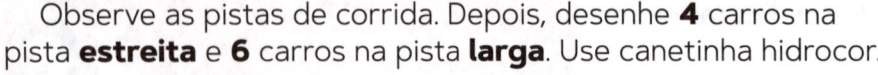

HENRIQUE BRUM

Observe as pistas de corrida. Depois, desenhe **4** carros na pista **estreita** e **6** carros na pista **larga**. Use canetinha hidrocor.

▼ Quantos carros você desenhou ao todo?

Conte-os e escreva o número correspondente no quadrinho.

▶ DIVERSOS ESPORTES

ILUSTRA CARTOON

▼ Quantos esportes aparecem na imagem?
Conte-os e registre o número no quadro.

▼ Você sabe dizer o nome desses esportes?
Lembre-se de mais dois esportes e
escreva o nome deles da maneira que souber.

▶ PARTICIPANDO DE UMA MARATONA

QUE FÔLEGO!

SABE QUAL É A COMPETIÇÃO MAIS TRADICIONAL DAS OLIMPÍADAS? É A MARATONA, ONDE OS ATLETAS TÊM QUE CORRER MAIS DE 40 KM SEM PARAR. UFF... PARA CRUZAR A LINHA DE CHEGADA, O CORREDOR PRECISA DE MUITO FÔLEGO!

MAURICIO DE SOUSA. **MANUAL DE ESPORTES DO CASCÃO**. SÃO PAULO: GLOBO, 1997. P. 202.

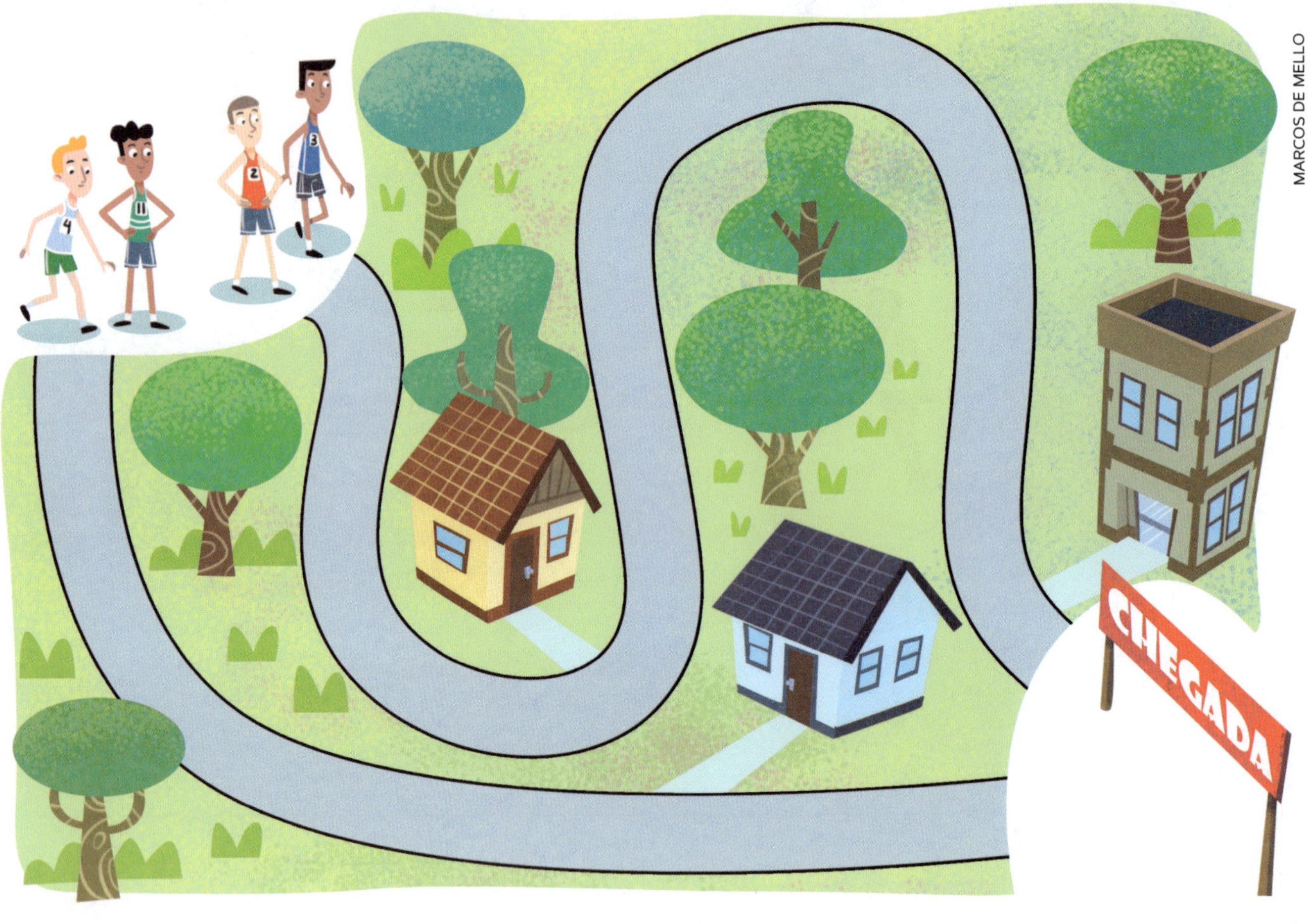

MARCOS DE MELLO

Observe o percurso de duas maratonas. Depois, com canetinha hidrocor, trace o percurso mais **curto** de **roxo** e o mais **longo** de **verde**.

▼ Você gostaria de participar de uma maratona?

CONTANDO OS MARATONISTAS

ILUSTRAÇÕES: HENRIQUE BRUM

| 1 | 2 | 3 | 4 | 5 | 6 | 7 | 8 | 9 | 10 |
| 11 | 12 | 13 | 14 | 15 | 16 | 17 | 18 | 19 | 20 |

| 1 | 2 | 3 | 4 | 5 | 6 | 7 | 8 | 9 | 10 |
| 11 | 12 | 13 | 14 | 15 | 16 | 17 | 18 | 19 | 20 |

▼ Você sabe o que é um maratonista?

▼ Quantos competidores há em cada maratona?

Vá contando e marcando um **X** em cada número para descobrir a quantidade correta.

TAREFA PARA CASA 12

117

SER CIDADÃO

▶ VENCEDORES NA VIDA E NO ESPORTE

ATSUSHI TOMURA/GETTY IMAGES

☐ MEDALHAS
DE OURO

A ATLETA SHIRLENE COELHO CONQUISTOU A MEDALHA DE OURO E SE TORNOU BICAMPEÃ PARAOLÍMPICA NO DARDO NOS JOGOS PARAOLÍMPICOS DO RIO DE JANEIRO, 2016.

▼ Você sabe o que são as paraolimpíadas?

As paraolimpíadas são também motivo de orgulho para nosso país.

Pesquise com os colegas e o professor quantas medalhas de ouro os atletas paraolímpicos brasileiros conquistaram na última paraolimpíada. Depois, registre o número no quadro.

EQUIPES VENCEDORAS

ILUSTRA CARTOON

MEDALHAS DE OURO

MEDALHAS DE PRATA

MEDALHAS DE BRONZE

MEDALHAS DE OURO

MEDALHAS DE PRATA

MEDALHAS DE BRONZE

As equipes que venceram as provas esportivas receberam as medalhas correspondentes ao lugar em que se classificaram. Conte as medalhas, registre o número no quadro correspondente de cada equipe e descubra quem ganhou **mais** medalhas.

▼ Qual equipe ganhou **mais** medalhas?

▶ OS VENCEDORES

 1º LUGAR   2º LUGAR   3º LUGAR

ILUSTRA CARTOON

Observe os atletas na corrida de obstáculos.

▼ Quem chegou em **primeiro** lugar?

▼ Quem chegou em **segundo** lugar?

▼ E quem chegou em **terceiro** lugar?

Pinte a camiseta dos atletas, no pódio, de acordo com a legenda.

▼ Qual é o lugar mais **alto** do pódio? Marque-o com um **X**.

TAREFA PARA CASA 1

▶ ESTE É MEU LAR

▼ Como é sua casa?

Faça um desenho para representar o lugar onde você mora.

▼ Você sabe seu endereço?

Se não souber, pergunte a um adulto que mora com você e peça a ele que escreva o nome da rua e o número de sua casa nas linhas acima.

TAREFA PARA CASA 2

▶ MINHA FRUTA PREFERIDA

- ▼ Qual é sua fruta preferida?
  Desenhe-a no quadro **maior**.
- ▼ A fruta que você desenhou é **grande** ou **pequena**?
  Pense em uma fruta **menor** do que sua fruta preferida e desenhe-a no quadro **pequeno**.

TAREFA PARA CASA 3

▶ QUAL É A SEQUÊNCIA?

HÉLIO SENATORE

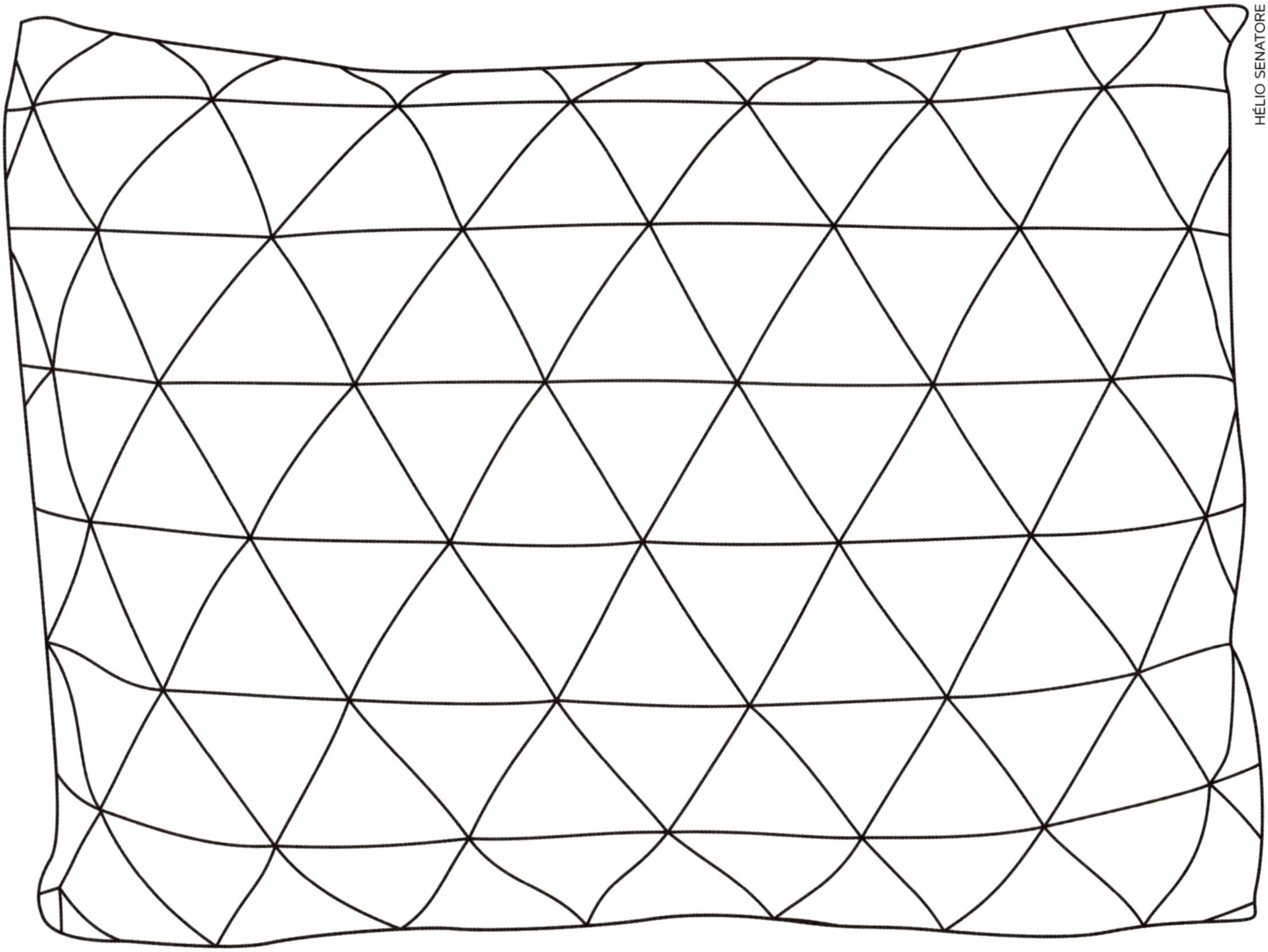

Com a ajuda de um adulto que mora com você, invente uma sequência de cores para fazer uma almofada de *patchwork* bem colorida.

Não se esqueça de seguir essa sequência até o fim da pintura.

▼ Que cores você usou?

TAREFA PARA CASA 4

▶ CONTANDO FIGURAS

2

3

4

▼ Vamos contar de **2** até **4**?

Recorte figuras de jornais e revistas e cole-as nos quadros acima de acordo com a quantidade indicada.

▼ Que figuras você colou?

TAREFA PARA CASA 5

▶ **FORMA E COR**

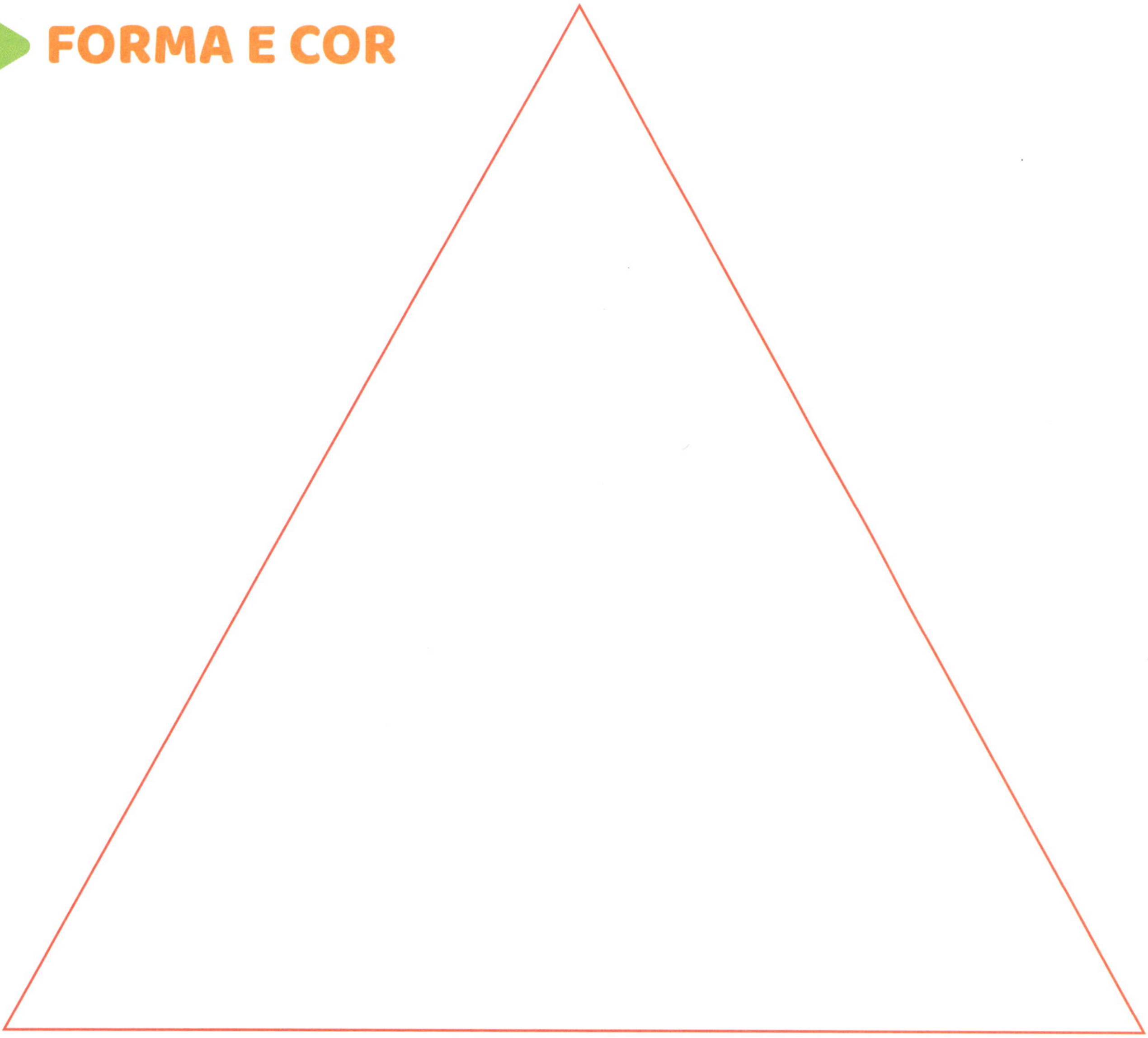

TRIÂNGULO **VERMELHO**

▼ Você conhece a forma geométrica acima?

Passe o dedo sobre o contorno do **triângulo** e preencha-o colando papel **vermelho** picado.

▶ LEVE OU PESADO?

ILUSTRA CARTOON

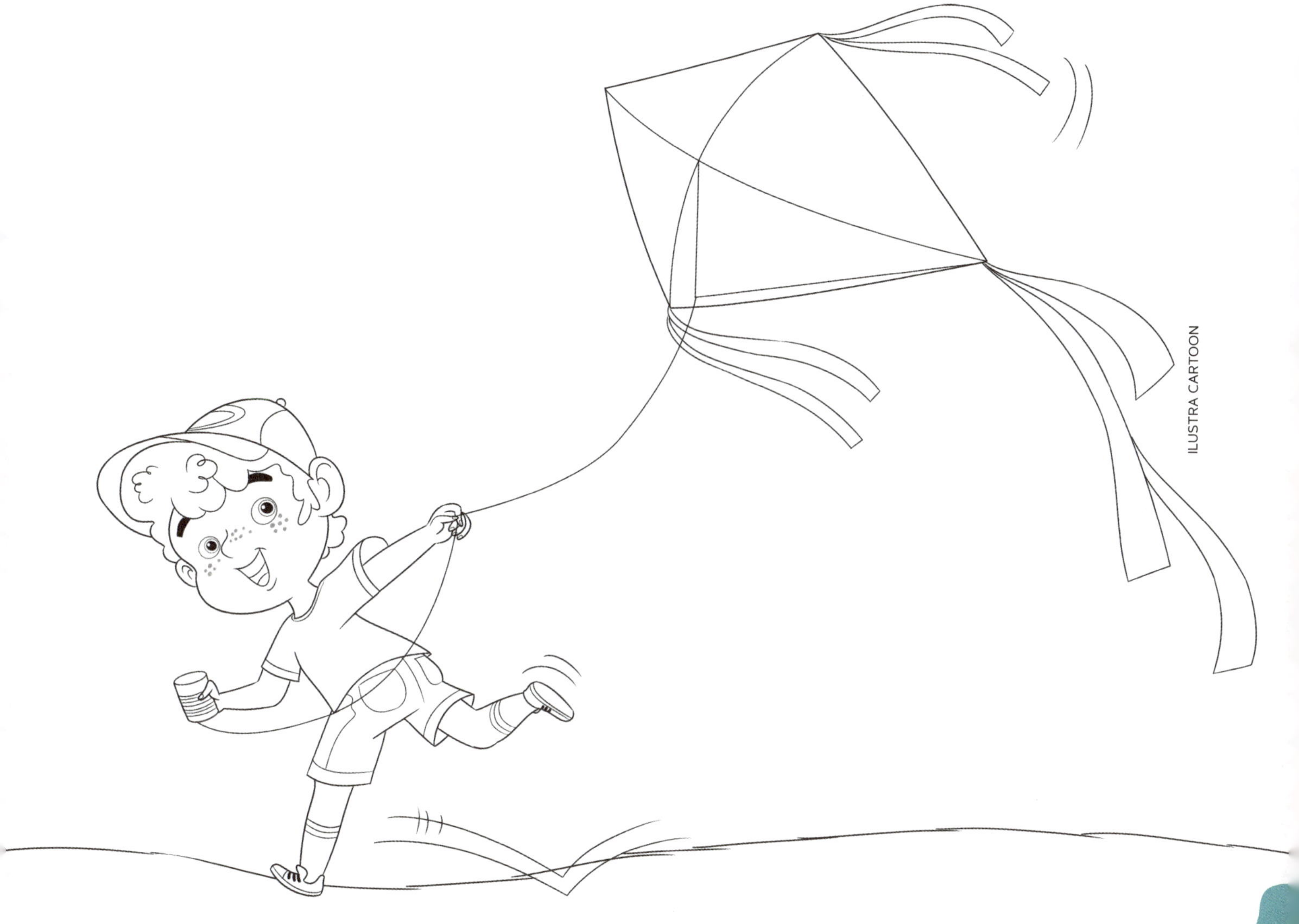

▼ O que pesa mais: um menino ou uma pipa?

Observe as imagens. Cole papel picado no que você acha que é mais **leve** e pinte o que considera mais **pesado**.

▶ PINTANDO AS FORMAS

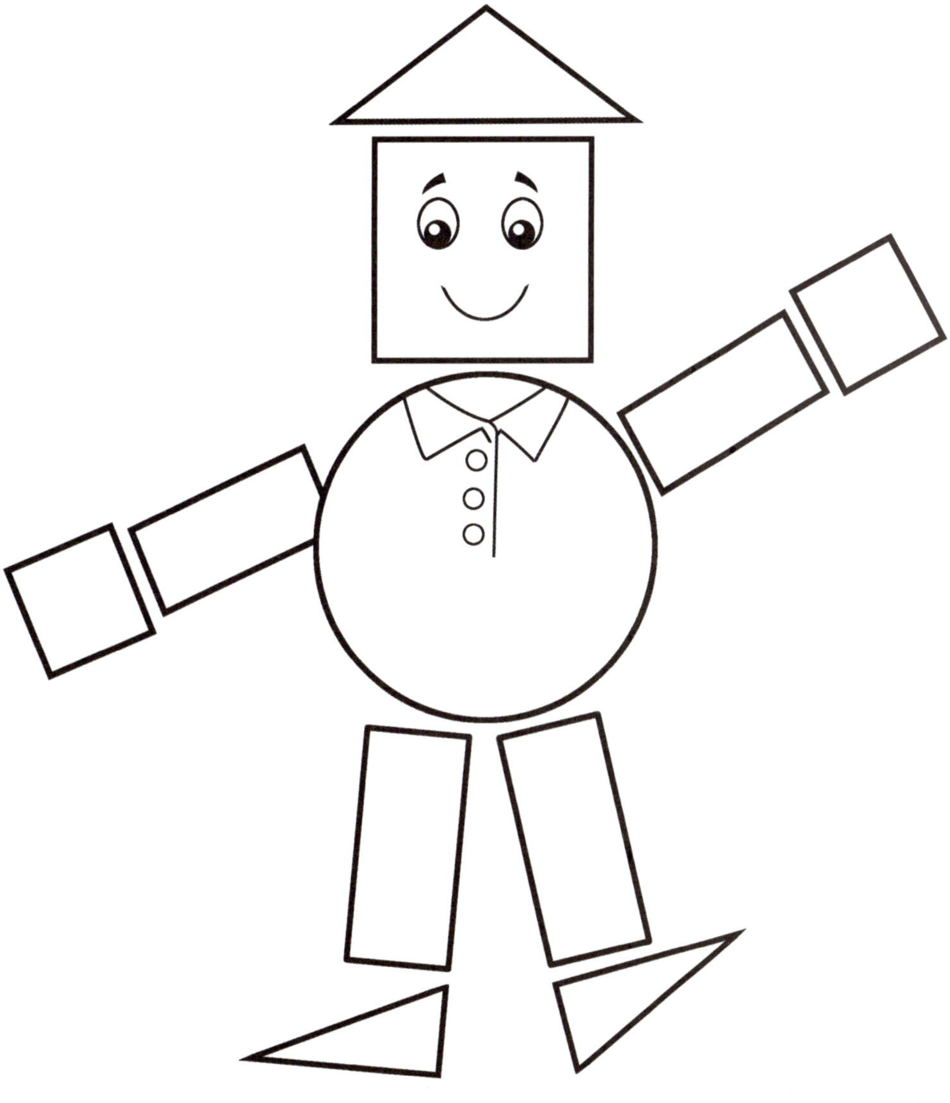

ANDRÉ VALLE

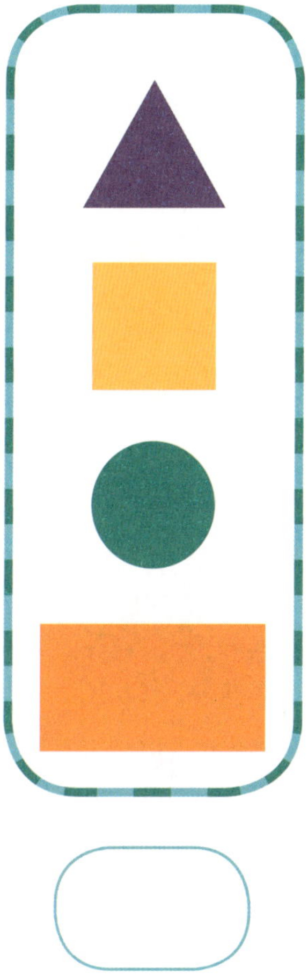

▼ Você conhece as formas geométricas acima?
Pinte a figura de acordo com a legenda.

▼ Quantos quadrados você pintou?
Conte-os e escreva a quantidade no quadro da maneira que souber.

CONTANDO OS PONTOS DE UM DADO

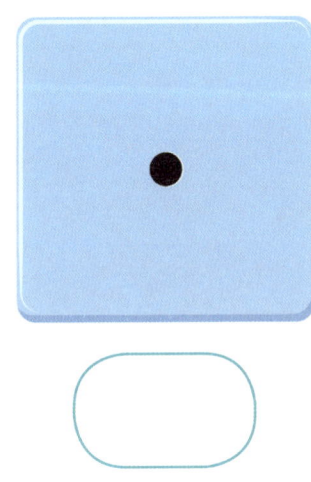

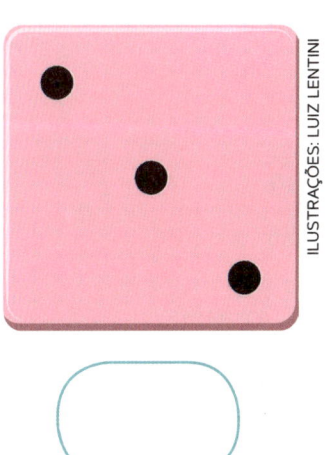

ILUSTRAÇÕES: LUIZ LENTINI

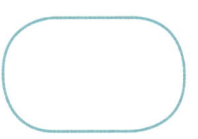

Conte a quantidade de pontos de cada dado e escreva o número correspondente nos quadrinhos.

▼ Você já brincou com algum jogo que utilizava dados?

▶ MINHA IDADE É...

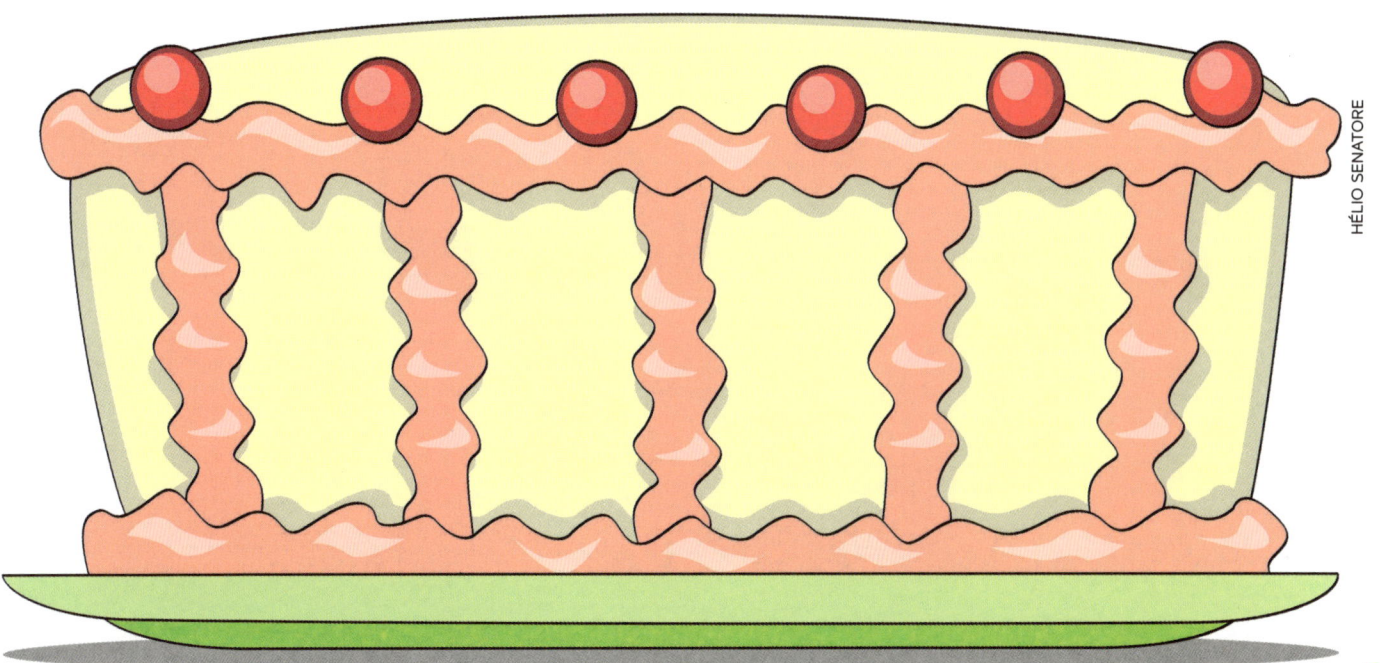

HÉLIO SENATORE

▼ Quantos anos você tem?

▼ Do que você mais gosta em festas de aniversário?

Com canetinha hidrocor, desenhe no bolo velinhas para representar sua idade.

▶ FESTA JUNINA!

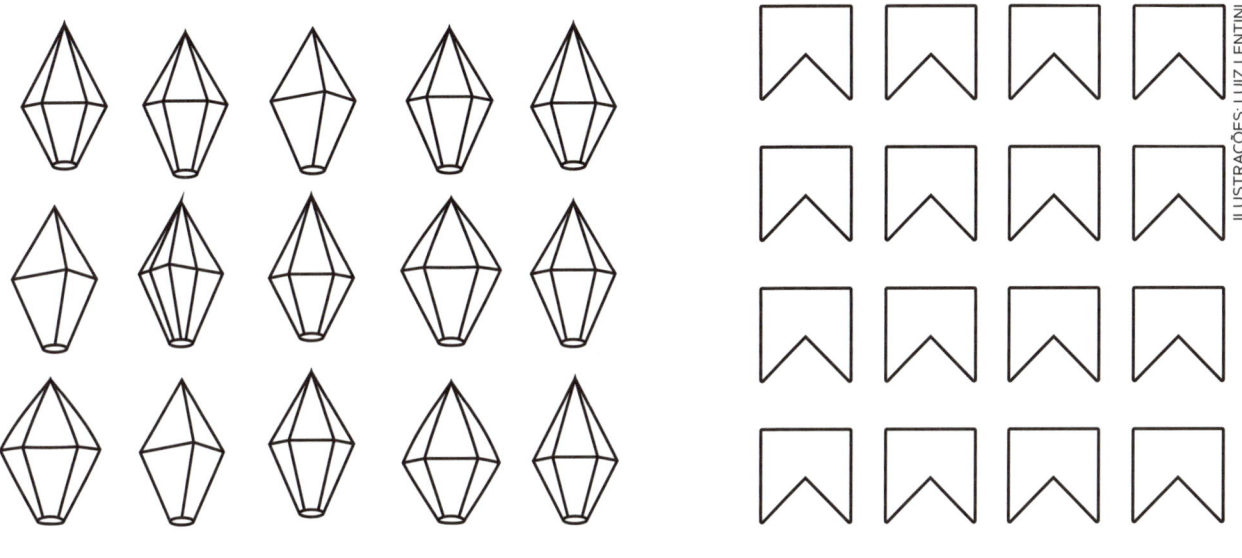

ILUSTRAÇÕES: LUIZ LENTINI

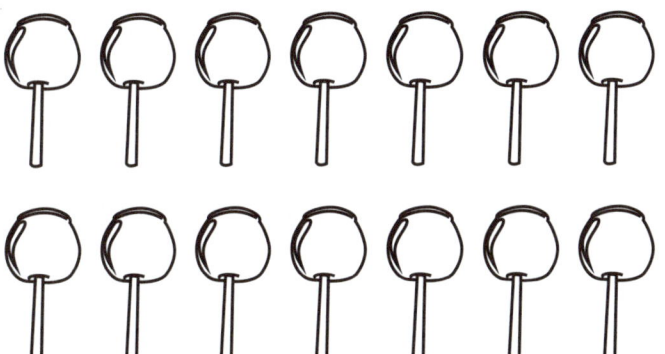

Observe alguns itens que tradicionalmente fazem parte das Festas Juninas. Em cada grupo, conte **10** elementos e pinte-os.

▼ Do que você mais gosta nas Festas Juninas?

TAREFA PARA CASA 11

▶ **ESPORTE RADICAL**

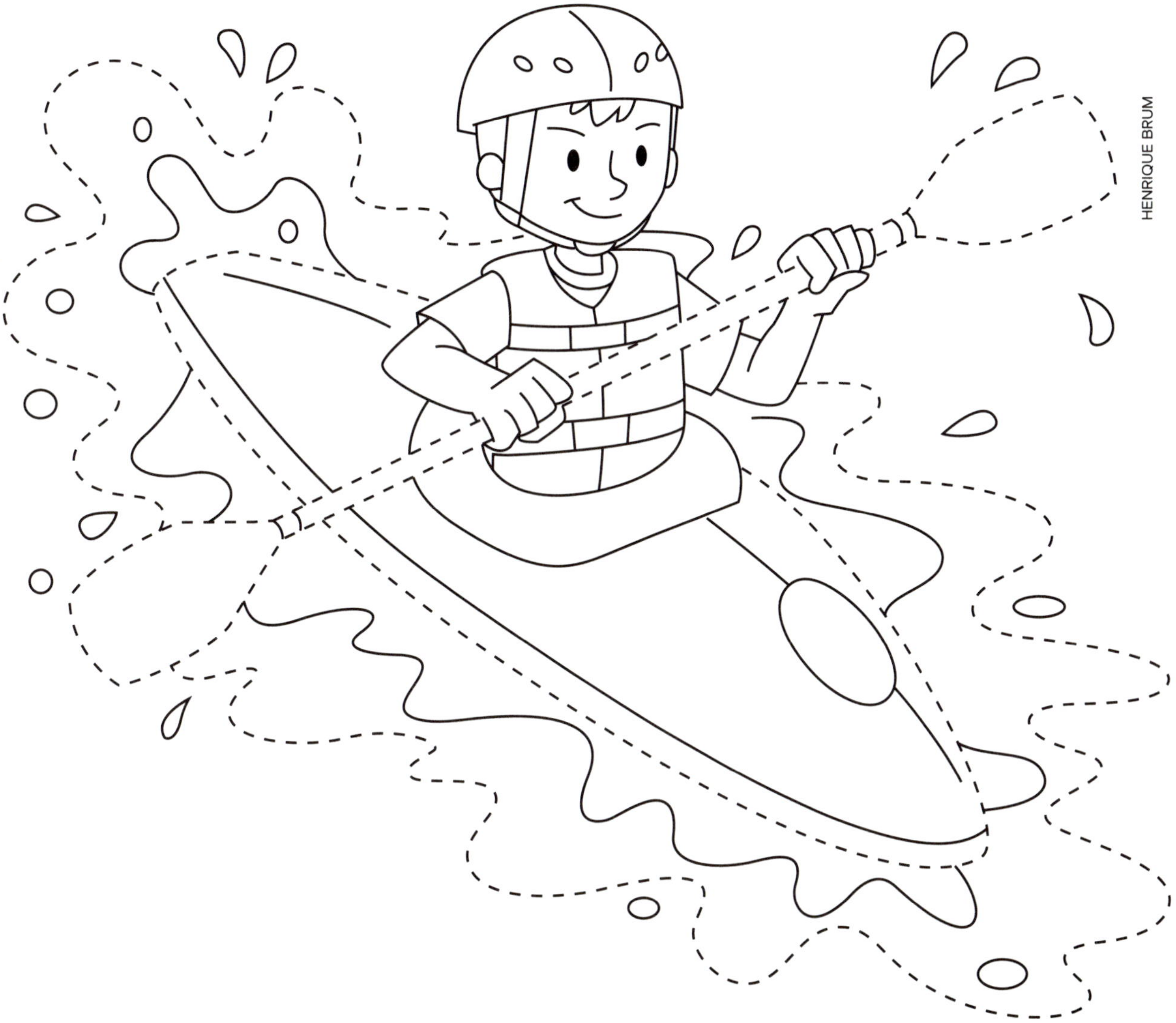

HENRIQUE BRUM

Cubra o tracejado com canetinha hidrocor, pinte a imagem e descubra um esporte radical praticado na água.

▼ Você sabe o nome desse esporte?

▼ Que outro esporte aquático você conhece?

TAREFA PARA CASA 12

▶ VAMOS BRINCAR DE "O MESTRE MANDOU"?

1. O MESTRE MANDOU VOCÊ RECORTAR **12** LETRAS DE REVISTAS E COLÁ-LAS AQUI.

2. O MESTRE MANDOU VOCÊ DESENHAR **11** BOLINHAS.

3. O MESTRE MANDOU VOCÊ PINTAR **10** BALÕES.

4. O MESTRE MANDOU VOCÊ MARCAR UM **X** EM **9** ESTRELAS.

ILUSTRAÇÕES: LUIZ LENTINI

▼ Você já brincou de "O mestre mandou"?
Peça a um adulto que leia as instruções do mestre e faça o que elas pedem.

ENCARTES DE ADESIVO

PÁGINAS 6 E 7

PATAT/ISTOCKPHOTO.COM

ANDREY_POPOV/SHUTTERSTOCK.COM

ROSANNE DE VRIES/SHUTTERSTOCK.COM

1 REAL UNID

4 REAIS KILO

9 REAIS KILO

7 REAIS KILO

5 REAIS KILO

5 REAIS KILO

5 REAIS KILO

IAKOV FILIMONOV/SHUTTERSTOCK.COM

PÁGINA 40

LUIZ LENTINI

PÁGINA 13

HENRIQUE BRUM

PÁGINA 14

PÁGINA 43

  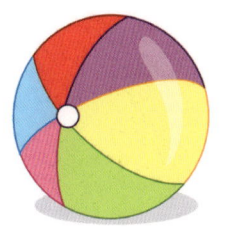  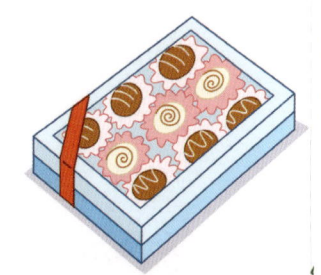

HENRIQUE BRUM

PÁGINAS 44 E 45

 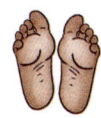   

PÁGINA 64

1 3 5 7 9

CÉU

2 4 6 8 10

PÁGINA 83

1 2 3 4

5 6 7 8

PÁGINA 72

ILUSTRAÇÕES: PAULA KRANZ

PÁGINA 76

DELIORMANLI/ISTOCKPHOTO.COM

DAKALOVA IULIIA/SHUTTERSTOCK.COM

SUSAN MCKENZIE/SHUTTERSTOCK.COM

J.C.RUZZA

ALIS PHOTO/SHUTTERSTOCK.COM

CHUYKO SERGEY/SHUTTERSTOCK.COM

VIKTOR FEDORENKO/SHUTTERSTOCK.COM

CHERYL E. DAVIS/SHUTTERSTOCK.COM

PÁGINA 90

ILUSTRAÇÕES: LUIZ LENTINI

PÁGINAS 84 E 85

HURST PHOTO/SHUTTERSTOCK.COM

PÁGINAS 84 E 85

JUCA MARTINS/OLHAR IMAGEM

PÁGINAS 102 E 103

ALEXANDRE MATOS

ENCARTES DE PICOTE

PÁGINA 18

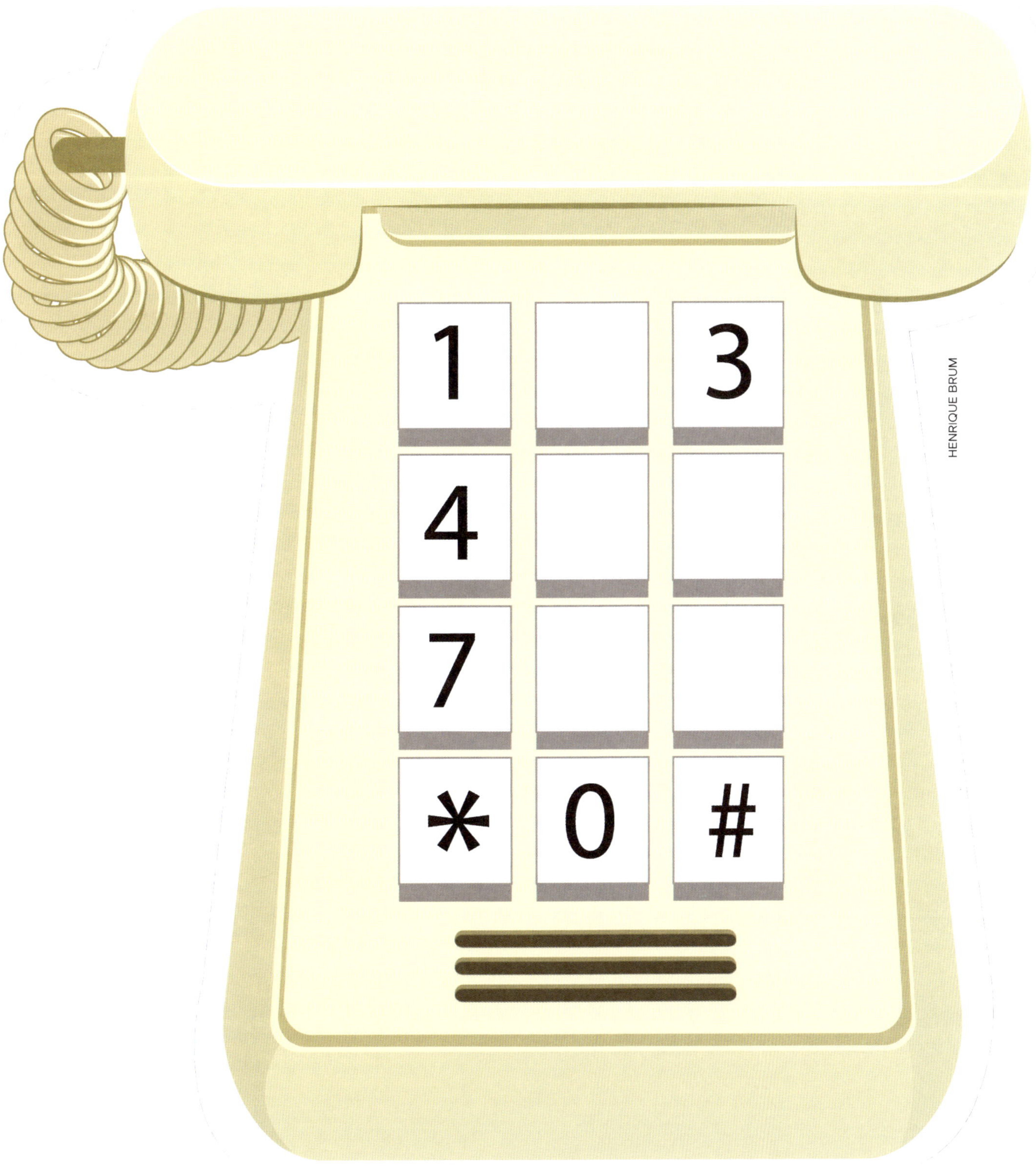

HENRIQUE BRUM

PÁGINA 23

HENRIQUE BRUM

PÁGINA 36

ANDRE LESSA/AE

PÁGINA 107

ILUSTRAÇÕES: HENRIQUE BRUM

PÁGINA 108

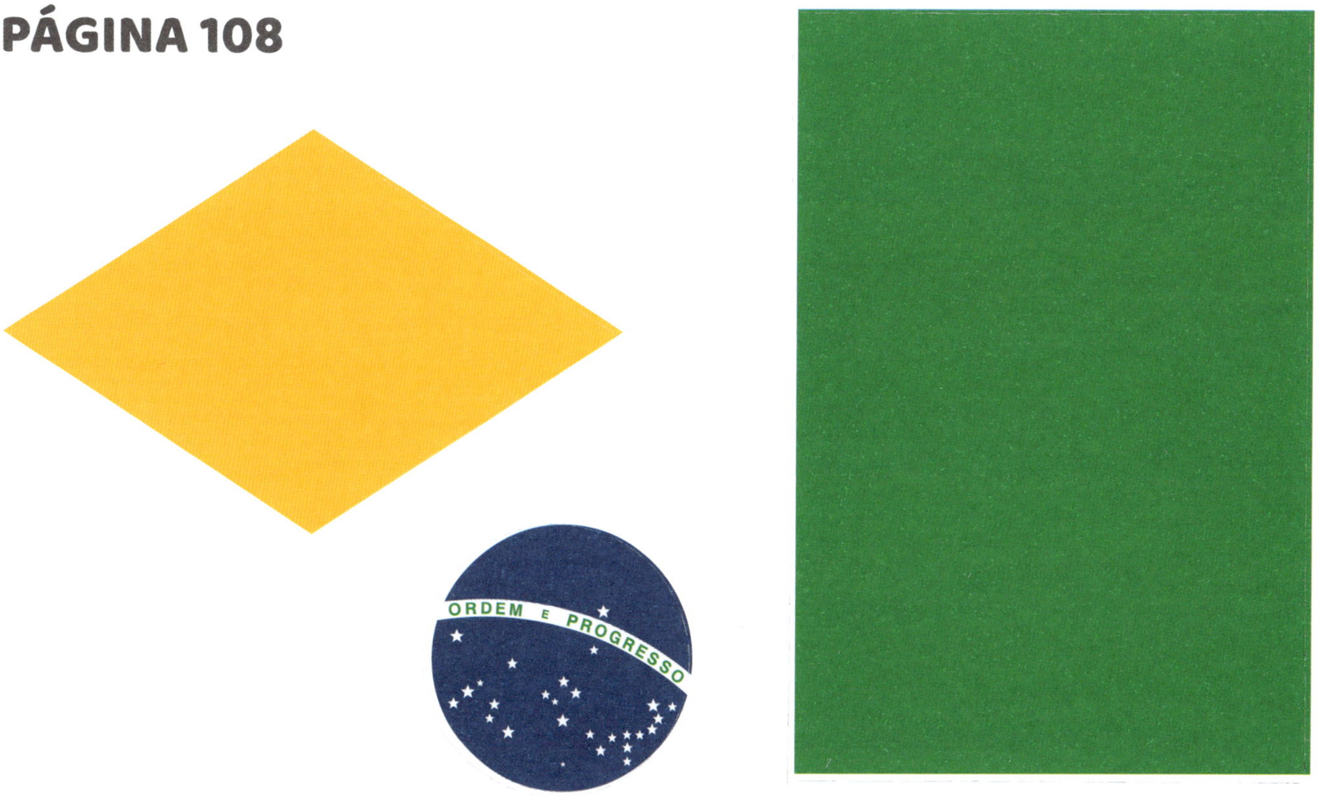

ORDEM E PROGRESSO

DAE

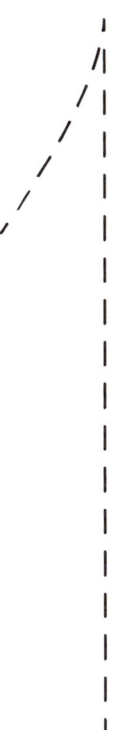

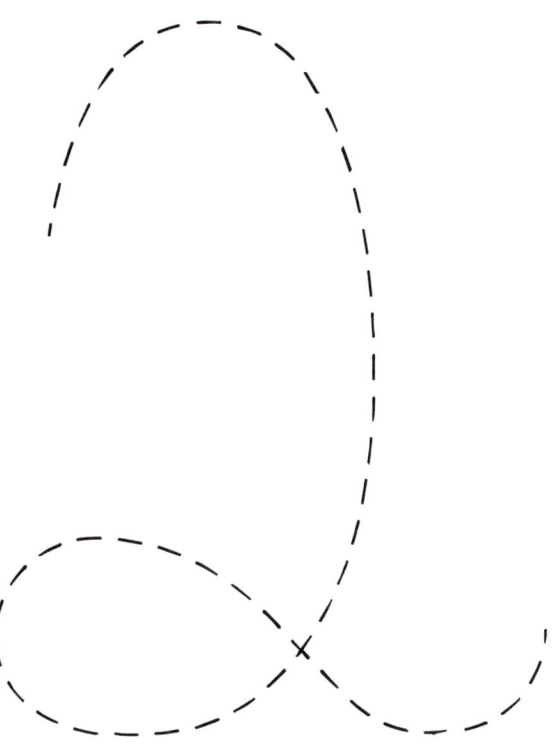

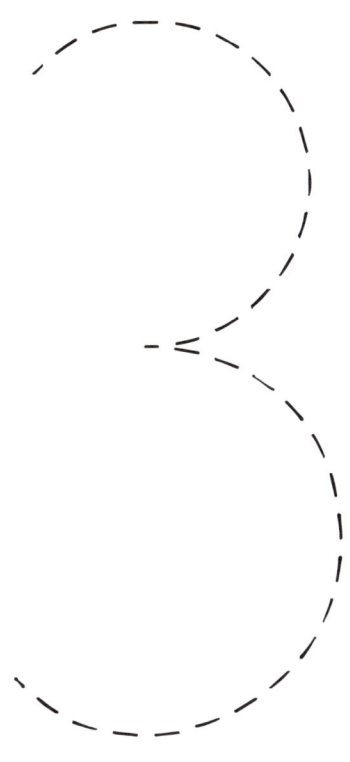

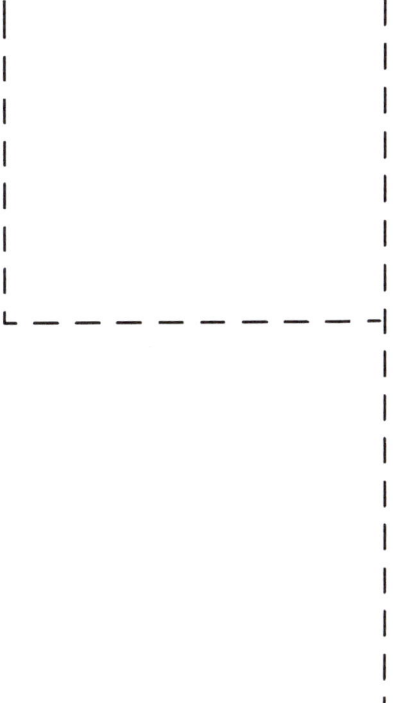

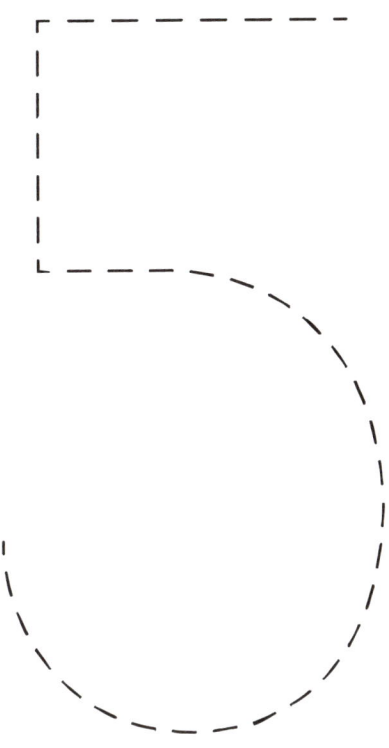

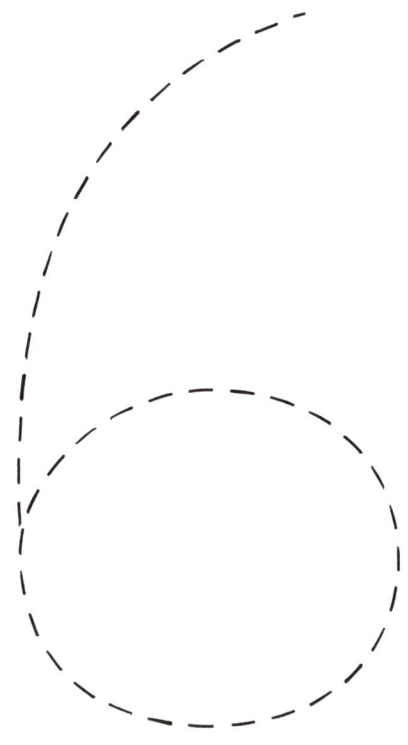

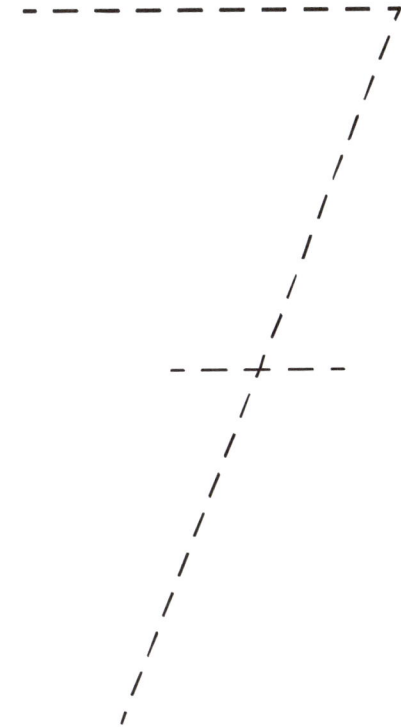

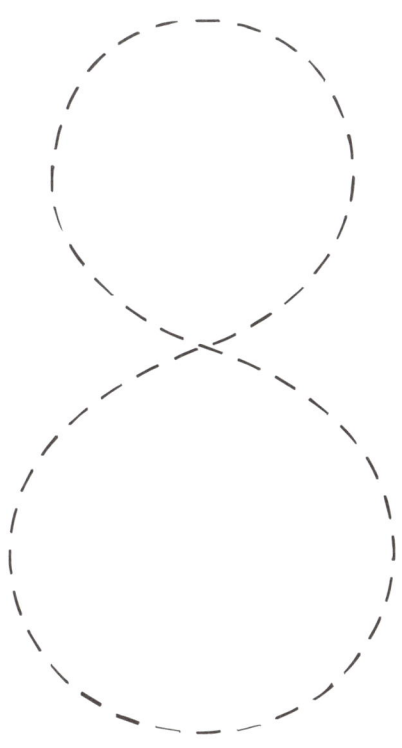

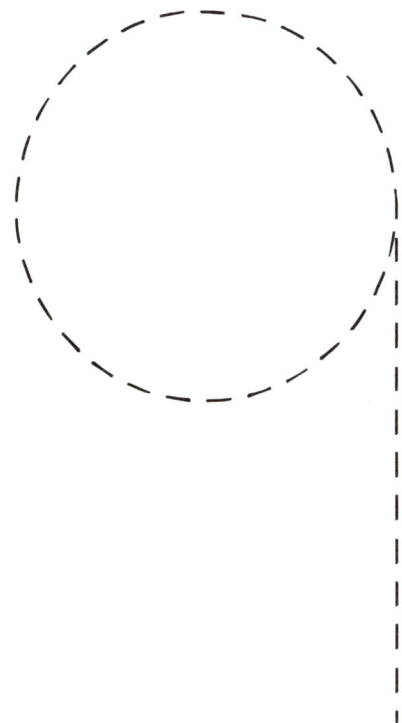

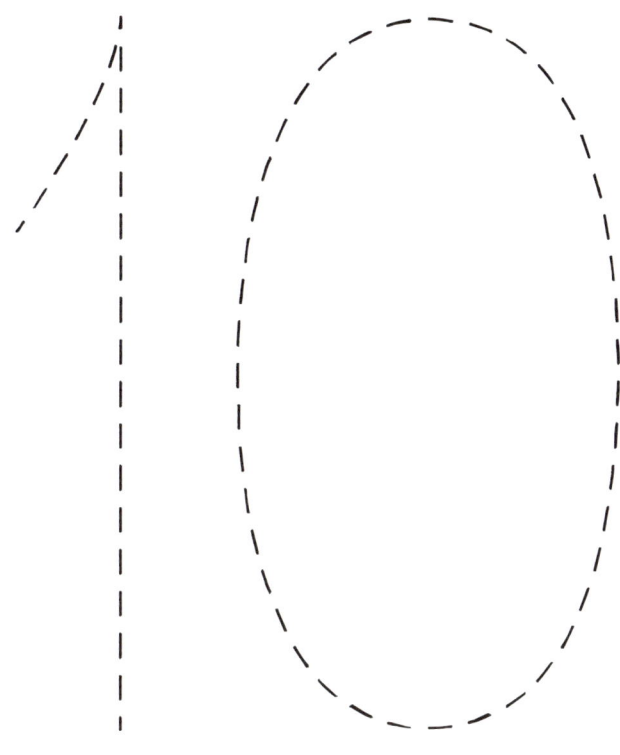